ユーキャンの

販売士検定 リテールマーケティング 第4版

2級

速習テキスト&問題集

はじめに

販売士は、**流通業界で唯一の公的資格**であり、特に２級販売士検定試験は、**流通・販売分野の専門資格**として、販売・流通業に携わる社会人はもちろん高校生や大学生の方なども受験する人気の資格です。

合格のためには、試験５科目それぞれの全体像を理解した上で知識を習得し、**問題演習を多くこなし出題パターンに慣れる**ことが必要となります。

本書籍は、販売士検定試験対策に定評のある執筆経験豊富な著者が集まり、経営教育総合研究所のメンバーを中心に執筆・監修を行い、生涯学習のユーキャンが通信教材の制作ノウハウを生かして編集・制作しています。**初めて学習する方にもわかりやすく、しっかりと理解しながら実力をつける**ことができます。

「**少ない時間で効率的に学習できる書籍が欲しい**」という受験生の声に応えるために、本書では**次のような工夫**をしています。

①ひと目でわかる『要点マスター』

受験生が理解しにくい箇所は、**多くの図表を用いてわかりやすく説明**し、特に理解が必要な箇所を『要点マスター』としてまとめています。

②学習内容のアウトプットに『Let's Try 一問一答』

レッスンごとに、学習した内容を一問一答形式の問題で確認します。レッスンを一読したら、○×問題で理解度を確認し、知識を定着させましょう。

③２回の『予想模擬試験』で学習の総仕上げ

ひととおり学習が終了したら、２回の予想模擬試験に取り組みましょう。**本試験と同じ出題形式・レベルの問題**で、最終的な実力を確認しましょう。

④付録『重要ポイントまとめてチェック』

各レッスンの**重要ポイントをピックアップ**してまとめています。本試験前の最終チェックにも利用できます。

販売士の有資格者の活躍の場は広がっています。流通業界への就職を希望している方には、ぜひとも取得しておいていただきたい資格です。受験生の皆様が、本書をフルにご活用いただき、短期間で試験に合格されることを念願いたします。

最後に、執筆にあたり、日本商工会議所･全国商工会連合会編「販売士ハンドブック（応用編）」を参照させていただきましたことを、ここに記して感謝申し上げる次第です。

監修　経営教育総合研究所　代表　山口 正浩

本書の使い方

●STEP1 頻出度を確認

頻出度（★★★、★★、★の3段階）を確認しましょう。

高い ↕ 低い

頻出度 ★★★
頻出度 ★★
頻出度 ★

●STEP2 レッスンの概要

学習のPOINTは、このレッスンで勉強する解説内容をギュッと要約したものです。レッスン内容を大まかに把握してから、本文に進みましょう。

●STEP3 本文の学習

いよいよ本文の学習です。欄外の記述やアドバイス、イラスト＆図を活用すると、より理解が深まります。

日付などを記入してくり返しの学習に役立てましょう。

一緒に学習しよう

山口先生
学習内容についてアドバイスをしていきます。合格を目指して頑張りましょう。

あきなさん
皆さんと一緒に学習していきます。よろしくね。

欄外で理解を深めよう

用語
本文中に出てくる用語をくわしく説明しています。

補足
本文では説明しきれなかったことを補い、さらに理解を深めるための追加解説です。

展開
本文の内容からさらに一歩進んだ補足解説や追加情報です。

付録の赤シートを使用すれば、赤字の重要語句を穴埋め形式でチェックすることができます。

LESSON 1

流通の役割と流通フロー（商流）

Check! ／ ／ ／

学習のPOINT　頻出度 ★★

流通業には、生産と消費をつなぐ社会的役割と、流通費用を節約する経済的役割がある。ここでは生産と消費の間に流通業が介在することで発生する、商流について理解しよう。

1 流通業の役割

（1）生産と消費をつなぐ社会的役割

経済活動は、財の生産－流通－消費によりコストや利益を回収する循環システムで形成されています。流通業は、生産時の商品所有者や場所、時期、保有する商品情報などと、消費時の商品所有者や場所、時期、保有する商品情報などの違いをつなぐことで、生産と消費を結びつける社会的役割を果たしています。

（2）流通費用を節約する経済的役割

流通業は、生産と消費をつなぐ社会的役割に加えて、流通にかかる費用を節約する経済的役割も果たしています。

流通の経済的役割を説明する理論には、**取引総数単純化**の原理や**集中貯蔵**（不確実性プール）の原理、情報縮約・整合の原理、規模の経済の原理などがあります。

「取引総数単純化の原理」は、「取引数極小の原理」ともいいます。

補足
生産者と消費者の間は商流でつなぎ、生産地と消費地、生産時期と消費時期の間は物流でつなぎます。

■流通業の経済的役割の原理

取引総数単純化の原理	生産者と消費者の間に流通業が介在すると、取引数が減る
集中貯蔵の原理	流通業が在庫を集中的に保有すると、流通全体の在庫量が減る
情報縮約・整合の原理	流通業者が消費情報をまとめると、情報収集コストが安くなる
規模の経済の原理	流通を集中的に行うと、製品1個当たりの流通コストが安くなる

①

生産者と消費者の間に流通業が介在することで取引数が単純化され、流通費用が節約されるという原理です。

*

●STEP4
レッスン末の問題にチャレンジ

学習した内容を復習し、理解度の確認をするために、○×式の「Let's Try 一問一答」に挑戦しましょう。できなかった問題は、本文に戻ってもう一度確認しておきましょう。また、【解説】には、本文にないプラスの解説もありますので、必ず読みましょう。

Let's Try 一問一答

○×問題に答え、正解したらチェックマーク☑を入れましょう

□ ① 取引総数単純化の原理とは、生産者と消費者の間に流通業が介在することで、取引数が減るという原理である。

□ ② 不確実性プールの原理とは、在庫を流通業が集中的に保有すれば、個々の小

●STEP5
予想模擬試験（P.231～）にチャレンジ

学習の成果を確認するために、また、本試験前の力試しとして、「予想模擬試験」に挑戦しましょう。解答後は、別冊「解答・解説編」で採点し、間違えた問題は、理解できるまで何度でも取り組みましょう。

①小売業の類型

次の各問について、正しいものは○を、誤っているものは×をつけなさい。

（1） 流通業には、生産と消費をつなぐ経済的役割と、流通費用を節約する社会的役割がある。

（2） ユニットロードシステムでは、輸送時の荷姿などを標準化する。

（3） 弁証法的仮説は、生物学の発想で小売業態の変化を説明している。

（4） ホールセールクラブは、事業者限定の、会員制現金販売専門店である。

付録「重要ポイントまとめてチェック」

各レッスンの重要ポイントを一覧でまとめています。試験直前の最終確認などに活用しましょう。

1 小売業の類型

Lesson 1	**流通の社会的役割**：生産と消費の間にある所有者や場所、時期、保有する商品情報などの違いをつなぐ(⇒p.14) **取引総数単純化の原理**：流通業が介在すると取引数が減る(⇒p.14) **集中貯蔵の原理**：流通業が在庫を集中的に保有すると在庫が減る(⇒p.15)
Lesson 2	**調達物流**、生産物流、販売物流、回収物流がある(⇒p.18) 輸送・配送は空間の隔たりを橋渡しし、保管は時間の隔たりを橋渡しする(⇒p.18) **包装**：個装、内装、外装がある(⇒p.19) **流通加工**：生産段階の価値を変化させず、流通で価値を高める(⇒p.19)
Lesson 3	**アコーディオン理論**：品ぞろえの総合化と専門化の繰り返し(⇒p.23)
Lesson 4	**スーパーセンター**：豊富な品ぞろえとEDLPの低価格販売(⇒p.26)

LESSON1　流通の役割と流通フロー（商流）

1章 小売業の類型

■取引総数単純化の原理

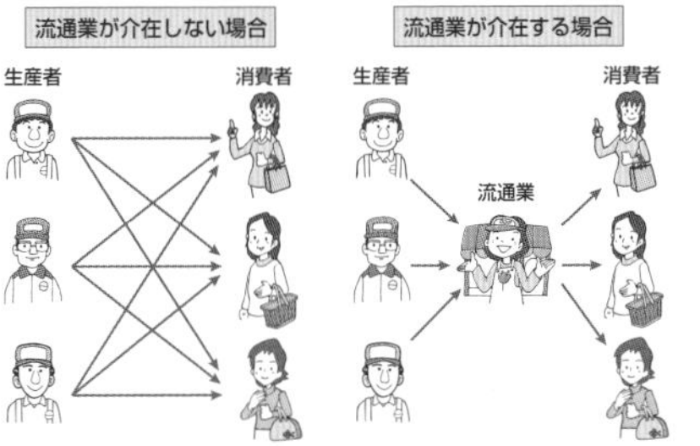

②集中貯蔵（不確実性プール）の原理

流通業が在庫を集中的に保有すれば、生産者が分散的に保有する場合よりも在庫量が減少するという原理です。

用語

ブランドロイヤルティ
商標（ブランド）に対する消費者の忠誠心、愛顧心。

ストアロイヤルティ
ある店舗に対する消費者の忠誠心、愛顧心。

展開

季節変動などの影響が少なく、安定的に売れる最寄品などを再発注する際に、その煩雑さを軽減するために採用される方法を、OTB（Open To Buy Control）方式という。

よくある質問

Q 損益分岐点売上高は、額が大きい方がよいのでしょうか。

A 損益分岐点売上高、または単に損益分岐点は、小さい（低い）方がよくなります。理由は、売上と費用が等しく利益がゼロの点である損益分岐点売上高が大きいよりも小さい方が、利益を上げるために少ない売上高でよくなるからです。

要点マスター

損益分岐点のポイント

損益分岐点	（目標利益＋固定費）÷限界利益率の式で目標利益がゼロのとき

*

よくある質問

講師がこれまでの豊富な指導経験の中でよく受けた質問や、初めて勉強する人がつまずきやすい点について、Q&A方式で解説しています。

要点マスター

確実に覚えておきたい事項を整理し、箇条書きや表にまとめています。

※ここに掲載しているページは、「本書の使い方」を説明するための見本です。

目次

第4章 マーケティング

第5章 販売・経営管理

予想模擬試験

〈別冊〉
予想模擬試験 解答・解説編

販売士検定試験とは

1 販売士は“流通業界で唯一の公的資格”

「販売士」は、**販売士検定試験１級、２級、３級の合格者**に与えられる称号です。

販売士検定試験は、販売技術のみならず、消費者動向を読み取る能力など、ビジネスに必要な知識や能力を身につけることができる公的な資格として、**日本商工会議所**と**全国商工会連合会**が主催しています。

試験は、昭和 49 年にスタートして、現在も高校生や大学生、社会人など多くの方が受験する人気資格の一つです。

販売士検定試験は、３級に合格したら２級を受験するというように、合格後に上位の級を受験するだけでなく、小売業などの実務経験がある方は、３級や２級を受験せずに、いきなり１級を受験する方もいます。

“流通業界で唯一の公的資格”である「販売士」を取得すると、学生の方ならば、資格取得の際に得られた知識を就職活動の際にアピールすることができます。社会人の方ならば、小売業の実務や小売業への転職に活かせます。

また、大学によっては、資格取得が入試に有利になったり、企業によっては、資格取得を奨励し取得者に対しての特別の手当を支給したり、昇級や昇格の際の考課材料にプラスしたりしている企業もあります。

名刺やネームプレートに販売士の称号を記載している企業もあり、**顧客や取引先への信頼獲得に役立つ資格**となっています。

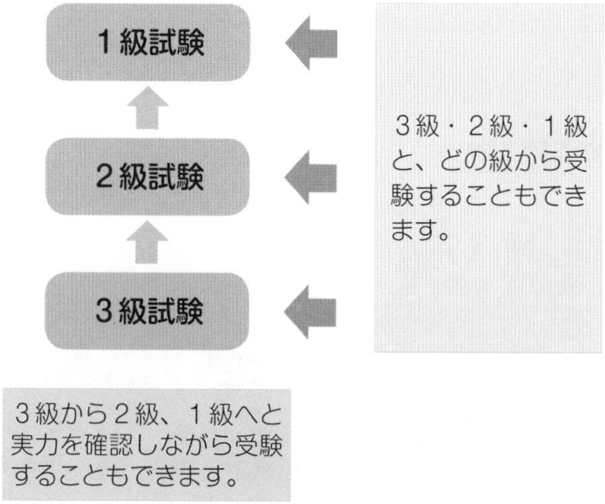

2 販売士検定試験の概要

販売士検定は、１級から３級に分かれています。

売場の担当者・販売員などを対象とした３級試験では、小売店舗を運営するための基本的な仕組み、販売員としての基礎的な知識を身につけて、販売業務に活かすことを目指します。

売場主任、**部課長**など、**売場を管理・監督する中堅幹部クラスを主な対象としている２級試験**は、**小売店舗経営の仕組みを理解**し、**小売業の販売技術に関する専門的な知識を身につけて**、販売促進の企画や部下の指導・育成に活かすことを目指します。

大規模小売店舗の店長や部長、中小小売業の経営者を対象とした１級試験は、小売業経営に関する高度な知識を身につけ、経営計画の立案や財務・販売の予測、部下の悩み解消など、経営・管理上の適切な判断に活かすことを目指します。

３級・・・流通業に就職を希望する学生や売場の販売員の方におすすめ
２級・・・小売店舗の責任者や販売促進・企画を担当する方におすすめ
１級・・・小売店舗の店長や部長など経営の管理をする方におすすめ

本書で学習する販売士２級試験は、小売業経営の登竜門です。流通業に興味のある方や高校生や大学生、売場の販売員の方やサービス業の方など幅広い層の方が受験します。

■２級販売士検定の試験概要（個人受験）

試験方法	試験会場のパソコンからインターネットを介したネット試験
試験会場	予約した株式会社 CBT-Solutions のテストセンター
試験日時	随時可能 リテールマーケティング（販売士）検定試験　申込専用ページから、各地の受験会場を選んで受験可能な日時で試験を予約 申込専用ページ https://cbt-s.com/examinee/examination/jcci_retailsales
試験時間	70 分（休憩なし）
合格基準	５科目の平均点が 70 点以上で、かつ１科目ごとの得点が 50 点以上
合格発表	試験結果は試験終了後即時に判定されます。
受験料	5,770 円（税込）※他に事務手数料 550 円（税込。受験者１名あたり）

※上記の記載事項は変更する場合があります。詳細は試験実施団体にご確認ください。

販売士検定試験についてのお問い合わせ先
▶商工会議所ホームページ　https://www.kentei.ne.jp/retailsales

3 出題形式・配点

(1) 出題形式

パソコンのブラウザに、1問ずつ表示された選択問題に解答します。

本書巻末に掲載している2回の予想模擬試験では、時間配分を意識し、本番の試験をイメージしながら問題を解いてみましょう。

(2) 問題数

科目ごとに20問（5科目で100問）です。

(3) 問題形式

科目ごとの20問中、前半10問が正誤問題、後半10問が文中の語句選択問題です。

(4) 時間配分

全体の試験時間は70分です。試験の出題科目順序は、①小売業の類型20問、②マーチャンダイジング20問、③ストアオペレーション20問、④マーケティング20問、⑤販売・経営管理20問です。休憩時間はありません。

2級試験の試験科目と出題傾向

1 小売業の類型

生産と消費との間にある時間や場所、所有権、情報などの隔たりをつなぐ流通業の機能を学習します。生産した商品を消費者に届ける流通から、消費者が欲しい商品を生産者から集める流通に変化したことによる流通業の役割変化を意識しましょう。

検定試験の頻出ポイント

● 流通と小売業
● チェーンストアの特徴
● 百貨店の運営特性
● 小売業の業態変化の理論仮説
● フランチャイズチェーン（FC）の運営特性

▶ 生産と消費の隔たりをつなぐための商流・物流・情報流の内容を理解しましょう。標準化（統一）した品ぞろえや運営方法で、多店舗展開することによるチェーンストアのメリットを理解しましょう。

2 マーチャンダイジング

マーチャンダイジングは「品ぞろえ」です。顧客ニーズに合わせて、売れる商品を、売れる時に、売れる量だけ品ぞろえする方法を学習します。商品管理や販売分析でいつ・どれくらい・どの商品が売れるか予測し、発注する仕組みを意識しましょう。

検定試験の頻出ポイント

● 予算編成および利益計画の概要
● 消費財の分類別再発注のポイント
● 価格政策の概要
● 仕入活動の戦略的展開
● 商品管理の意義と方法

▶ 損益分岐点の計算方式に慣れておきましょう。最寄品・買回品・専門品それぞれの再発注のポイントを整理しておきましょう。また、単品管理や価格設定の方法も理解しておきましょう。

3 ストアオペレーション

買物しやすい売場づくりを学習します。買物しやすい売場では、顧客の来店頻度や買上点数が増えて、売上がアップします。買物しやすい売場の条件である接客技術やディスプレイ技術、売場での販売促進活動を意識しましょう。

検定試験の頻出ポイント

- 補充型陳列（オープンストック）
- 戦略的ディスプレイの概要
- 発注システムの運用と管理
- 売場の効率化を図る指標
- 売上と利益向上のストアオペレーション

▶ 補充型陳列や戦略的ディスプレイは、スーパーマーケットなどで実際の陳列を見ると、記憶が定着しやすくなります。指標は、何の数字を増やしたり減らしたりすれば指標が良くなるのか？ という観点で整理すると理解が深まります。

4 マーケティング

商圏内の顧客ニーズに合わせて品ぞろえや価格政策、店舗立地、販売促進を変化させる小売業のマーケティングを学習します。顧客ニーズに合わせることで、「小売業が売る」のでなく「顧客が買っていく」仕組みを作ります。

検定試験の頻出ポイント

- スペースマネジメント
- 売場づくりの手順
- プロダクト（マーチャンダイジング）
- マーケットリサーチの実施方法
- マス媒体広告

▶ 売場の入口近くや奥にどんな商品が配置されているか、どんな商品同士が近くに配置されているかを観察すると、スペースマネジメントや売場づくりがイメージしやすくなります。顧客ニーズに対応するには、顧客の意見を集める必要があります。

5 販売・経営管理

売場主任など管理者の立場から、組織として成果を出すマネジメント方法を学習します。組織として目標達成する組織構築や、管理者に必要な法律知識、さらに、管理者として、売場の経営状況を分析する知識が求められます。

検定試験の頻出ポイント

- 販売に関する法知識
- 取引の法知識
- 主要な経営分析指標
- 仕入に関する法知識
- 小売業の組織のあり方

▶ 販売に関連する法令知識や支払に関連する法令知識を理解しておきましょう。安全性分析では、資産側の項目が分子、負債・純資産側の項目が分母になることが多いことを意識すると、指標を覚えやすくなります。

第1章

小売業の類型

LESSON 1

流通の役割と流通フロー（商流）

Check! ／ ／ ／

学習のPOINT

頻出度 ★★

流通業には、生産と消費をつなぐ社会的役割と、流通費用を節約する経済的役割がある。ここでは生産と消費の間に流通業が介在することで発生する、商流について理解しよう。

1 流通業の役割

（1）生産と消費をつなぐ社会的役割

経済活動は、財の生産－流通－消費によりコストや利益を回収する循環システムで形成されています。流通業は、生産時の商品所有者や場所、時期、保有する商品情報などと、消費時の商品所有者や場所、時期、保有する商品情報などの違いをつなぐことで、生産と消費を結びつける社会的役割を果たしています。

補足

生産者と消費者の間は商流でつなぎ、生産地と消費地、生産時期と消費時期の間は物流でつなぎます。

（2）流通費用を節約する経済的役割

流通業は、生産と消費をつなぐ社会的役割に加えて、流通にかかる費用を節約する経済的役割も果たしています。

流通の経済的役割を説明する理論には、**取引総数単純化の原理**や**集中貯蔵（不確実性プール）の原理**、情報縮約・整合の原理、規模の経済の原理などがあります。

■流通業の経済的役割の原理

取引総数単純化の原理	生産者と消費者の間に流通業が介在すると、取引数が減る
集中貯蔵の原理	流通業が在庫を集中的に保有すると、流通全体の在庫量が減る
情報縮約・整合の原理	流通業者が消費情報をまとめると、情報収集コストが安くなる
規模の経済の原理	流通を集中的に行うと、製品１個当たりの流通コストが安くなる

①取引総数単純化の原理

生産者と消費者の間に流通業が介在することで取引数が単純化され、流通費用が節約されるという原理です。

■取引総数単純化の原理

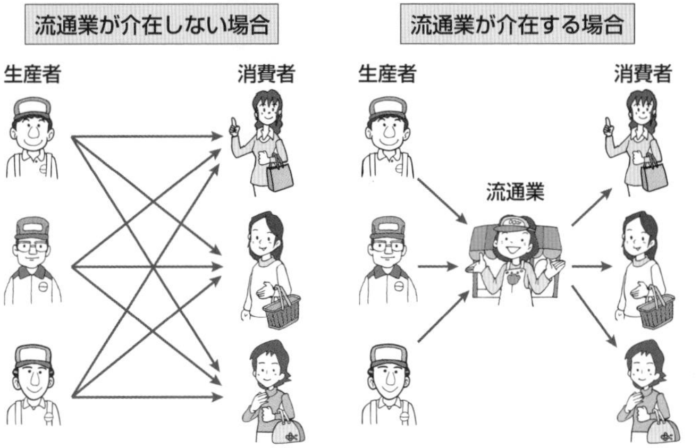

「取引総数単純化の原理」は、「取引数極小の原理」ともいいます。

②集中貯蔵（不確実性プール）の原理

流通業が在庫を集中的に保有すれば、生産者が分散的に保有する場合よりも在庫量が減少するという原理です。

■集中貯蔵の原理

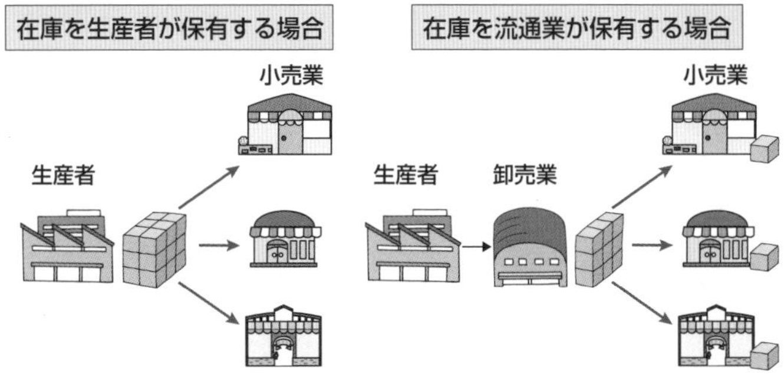

小売業３社が各々1,000個の在庫を保有した場合
1,000個×３社＝3,000個必要

卸売業が1,500個の在庫を保有し、随時商品を補充することで、小売業では各々200個保有すればよいとすると
1,500個＋(200個×３社)
＝全体で2,100個で足りる

2 流通フロー

流通業が生産と消費をつなぐことで、生産と消費の間では所有権、商品、情報の移動（流通フロー）が行われます。

（1）商流

所有権のフローを**商流**といいます。商流には、商品の所有権を移転する「所有権移転機能」と、所有権の保有に伴って生じる危険を負担する「危険負担機能」があります。

■流通フロー

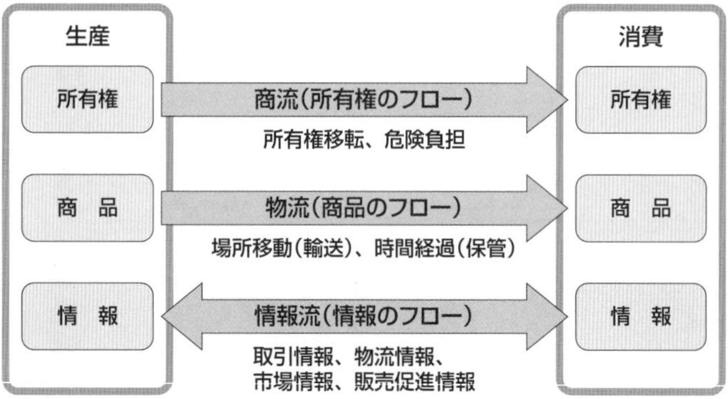

（2）所有権移転機能と危険負担機能

所有権移転の典型例に**売買契約**があります。売買契約で所有権を移転させる行為を、売り手からみると「**販売**」といい、買い手からみると「**購買・仕入**」といいます。流通業は、生産者から商品を仕入し、仕入した商品を消費者に販売することで、生産と消費をつなぎます。

■所有権移転機能

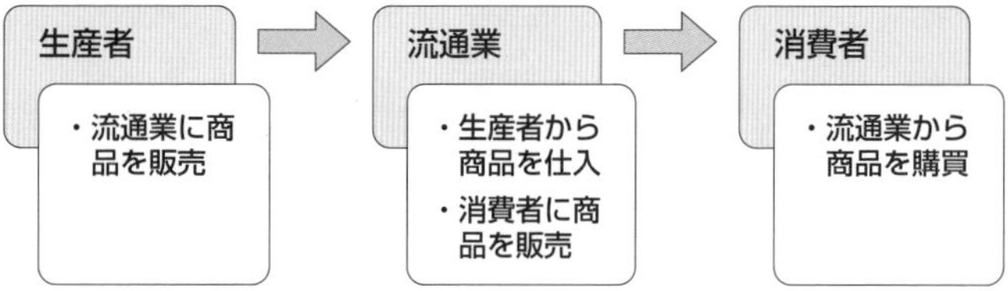

売買契約では、売り手から買い手に商品を引き渡し、買い手から売り手に代金を支払うことで**所有権**が移転します。売り手が先に商品を引き渡して買い手が後日に代金を支払う場合に、売り手側が**危険負担機能**を担います。

よくある質問

Q 危険負担機能とは、どのようなことですか？

A 一般的に、売り手から買い手へ商品が引き渡されれば所有権が移転しますが、代金支払が手形などの後払い方式の場合、決済が完了するまで所有権は移転しません。そして、商品の引渡し時までに商品の破損が生じた場合、買い手の責任による損害の場合を除いて、売り手の負担となります。このように、危険負担機能とは、所有権を保有することによって生じる危険を負担する活動といえます。

要点マスター

流通費用を節約する経済的役割

取引総数単純化の原理	生産者と消費者の間に流通業が介在することで、取引数が減少し、無駄が削減されるという原理
集中貯蔵の原理 （不確実性プールの原理）	個々の小売業に代わり流通業が在庫を保有することで、全体の在庫量が減少するという原理

Let's Try 一問一答

○×問題に答え、正解したらチェックマーク☑を入れましょう

- □ ① 取引総数単純化の原理とは、生産者と消費者の間に流通業が介在することで、取引数が減るという原理である。
- □ ② 不確実性プールの原理とは、在庫を流通業が集中的に保有すれば、個々の小売業が分散的に保有する場合よりも在庫が減少するという原理である。
- □ ③ 売買契約で所有権を移転させる行為を、売り手からみると「購買」という。
- □ ④ 代金の支払が完了していない状況で商品の引渡し時までに商品の破損が生じた場合、売り手の責任による損害の場合を除いて、買い手の負担になる。

【解答・解説】
①○　／②○　／③×　売買契約で所有権を移転させる行為を、売り手からみると「販売」という。／④×　買い手の責任による損害の場合を除いて、売り手の負担になる。

LESSON 2

流通フロー（物流・情報流）

学習のPOINT

頻出度 ★★

Check!

物流は、生産と消費の空間的隔たりや時間的隔たりを橋渡しする。情報流は生産と消費の情報や価値の隔たりを橋渡しする。LESSON1の商流も含めて、それぞれの違いを理解しよう。

1 物流

商品のフローを**物流**といいます。物流には、生産地点から消費地点へ商品を移転する「輸送機能」と、生産時点から消費時点まで商品の価値を維持する「保管機能」があります。

（1）物流の種類

物流の種類には、調達物流、生産物流（企業内物流）、販売物流（市場物流、製品物流）、回収物流（静脈物流、廃棄物流）があります。

■調達物流・生産物流・販売物流・回収物流

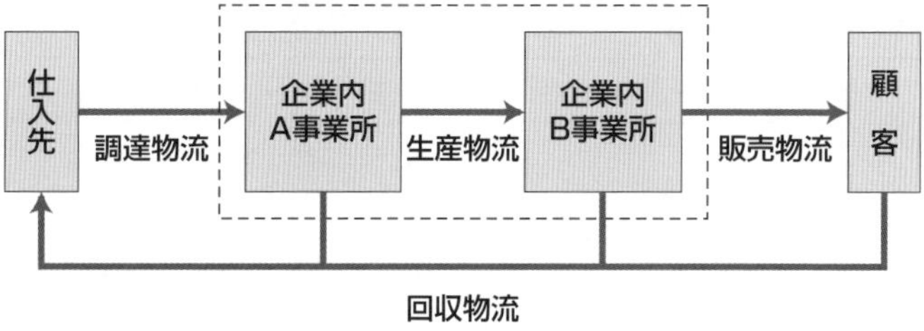

（2）物流活動の構成要素

①輸送・配送

物を移動することで**空間的**（場所的）隔たりを橋渡しします。大口で長距離の移動を**輸送**といい、顧客の注文に応じた小口で短距離の移動を**配送**といいます。

②保管

物を保管することで**時間的**隔たりを橋渡しします。商品を保管する在庫により供給量や取引価格を調整できることから、保管には**価格調整**機能もあります。大量商品を長期的に保管する倉庫を**貯蔵倉庫**といい、一時的な保管をする倉庫を**流通倉庫**といいます。

■輸送・配送・保管

（例）昨年の秋にA県で収穫したコメを今年の春にX県で食べる

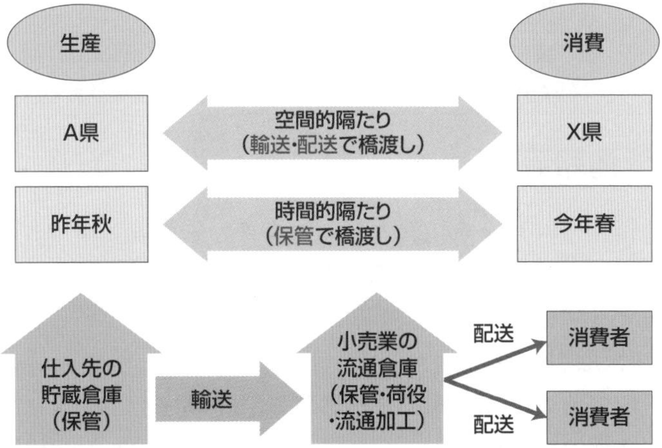

③荷役《にやく》

荷物の搬出入作業です。搬入商品の荷下ろしなどの**納品**荷役、倉庫内移動の**搬送**荷役、出荷時の仕分けなどの**品ぞろえ**荷役、搬出時のトラックへの積込みなどの**出荷**荷役があります。

④包装

包装には、個々の商品を包装する**個装**、衝撃吸収材や防湿剤など内容物を保護するための**内装**、個装された商品をダンボールなどに入れて物流活動をしやすくする**外装**があります。日本産業規格では、包装を「物品の輸送・保管などにあたって、価値および状態を保護するために、適切な材料、容器などを物品に施す技術および施した状態」と定義しています。

⑤流通加工

箱詰めやカット、小分けなど、生産段階で生み出された基本的な価値を変化させずに、**流通過程**において価値を高

展開

輸送時の荷姿やコンテナ、パレットなどを標準化することで、企業間の輸送や荷役の合理化・効率化を図る「ユニットロードシステム」がある。

める活動です。商品の基本機能を創造して価値を生み出すものではありません。

輸　送	大口の商品を長距離移動する活動
配　送	顧客の注文に応じた小口で短距離の移動
保　管	商品の物理的保存や在庫による価格の調整
荷　役	工場や倉庫での輸送や保管に伴う搬出入作業
包　装	物品の輸送・保管の際に状態を保護する技術
流通加工	箱詰めなど流通過程で商品の価値を高める活動

2 情報流

情報のフローを**情報流**といいます。生産者と消費者がお互いの情報を的確に把握できないことによって生じるギャップを橋渡しする機能です。

(1) 取引情報

取引情報とは、商流(所有権移転)に関する情報です。取引条件の交渉や受発注情報、代金決済情報などがあります。

(2) 物流情報

輸送・配送、保管、荷役など、物流に関する情報です。

(3) 市場情報

商品の最終消費市場に関する情報です。需要動向に関する**需要**情報と、競合企業などに関する**競争**情報があります。

(4) 販売促進（プロモーション）情報

人的販売や広告、試供品配布、展示会などの情報です。

要点マスター

物流の種類

調達物流	材料購買や商品仕入にかかわる物流
生産物流	企業内の商品移動にかかわる物流
販売物流	顧客への商品納入などにかかわる物流
回収物流	返品やリサイクル回収などにかかわる物流

Let's Try 一問一答

○×問題に答え、正解したらチェックマーク☑を入れましょう		
□	①	生産と消費を結ぶ流通フローは、商流と物流だけで構成される。
□	②	仕入先から企業内への物流を生産物流という。
□	③	回収物流は、市場物流ともいう。
□	④	生産地点から消費地点に商品を移転する物流の機能を、保管機能という。
□	⑤	顧客の注文に応じた小口で短距離の商品の移動を配送という。
□	⑥	大量商品を長期的に保管する倉庫を流通倉庫という。
□	⑦	輸送時の荷姿などを標準化して輸送や荷役の合理化を図る仕組みをユニットロードシステムという。
□	⑧	流通加工は、生産段階で生み出された商品の基本的な価値を、流通過程で高めるものである。
□	⑨	情報流で伝達される情報は、商品に関する市場情報だけである。
□	⑩	市場情報には需要情報と競争情報がある。

【解答・解説】

①×　情報のフローである情報流も含まれる。／②×　仕入先から企業内への物流は調達物流である。／③×　販売物流のことを、市場物流ともいう。／④×　商品を移転するのは輸送機能である。／⑤○　／⑥×　大量商品を長期的に保管するのは貯蔵倉庫である。／⑦○　／⑧×　商品の基本的な価値は変化させずに、流通過程において価値を高める活動であり、商品の基本機能を創造して価値を生み出すものではない。／⑨×　市場情報以外にも、商流に関する取引情報、物流に関する物流情報、店頭のプロモーションに関する販売促進情報などが伝達される。／⑩○

LESSON 3

小売業発展の理論仮説

Check!

学習のPOINT

頻出度 ★

小売業発展の理論は、価格面や品ぞろえ面に注目したものが中心になる。他に、消費者選好度や製品とサービスとの結合自由度に注目したものや、哲学・生物学を応用したものなどがある。

1 小売業態の変化に関する理論仮説

消費者ニーズの変化や小売業間の競争によって、新たな業態が成長する一方、衰退する業態が現れます。小売業の業態変化や発展過程を説明する代表的な理論仮説に、**小売の輪の理論**と**アコーディオン理論**があります。

（1）小売の輪の理論

小売の輪の理論は、革新的業態が生まれるサイクルについて、**価格面**に焦点を当てて説明した理論仮説です。1958年にM. P. マクネアによって提唱されました。

■マクネアの小売の輪の理論

低コスト・低マージン販売が特徴の革新的新業態の出現
→既存業態を抑えて市場で優位な地位に立つ
→他者が追随し価格競争が激化
→低価格訴求の限界に達し市場が飽和
→サービスや商品で差別化を図る新業態の出現（グレードアップ）
→高コスト・高マージン販売の業態が普及する（格上・トレーディングアップ）

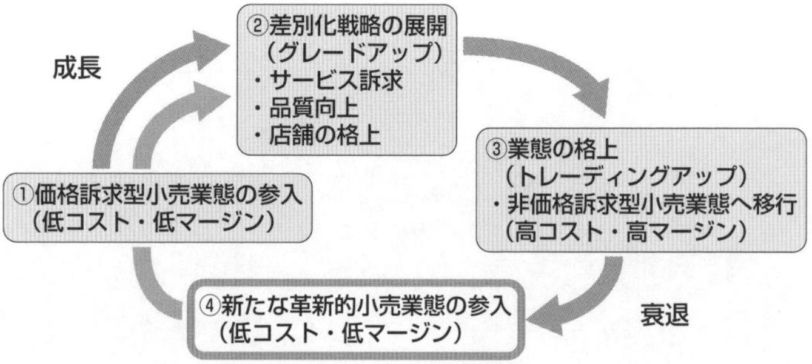

(2) アコーディオン理論

アコーディオン理論は、時間の経過に伴って商品構成の総合化と専門化を繰り返し、新たな小売形態が出現するという、**品ぞろえ面**に焦点を当てて説明した理論仮説です。S. C. ホランダーによって提唱されました。

また、総合化と専門化は繰り返すのではなく、同時並行で進んでいるという考え方もあります。たとえば、百貨店や総合品ぞろえ店（GMS）がある一方で、コンセプトショップやブティックなどの専門店も共存して成長している例がみられます。

用語

専門店
特定の商品が90%以上を占める小売店をいう。

(3) その他の理論

①真空地帯理論

たとえば、顧客増加のために、**価格・サービス水準**が低すぎて消費者選好度が低いA店と、**価格・サービス水準**が高すぎて消費者選好度が低いC店とが、共に中程度のB店の**価格・サービス水準**に寄せた場合、真空（空白）地帯となったA店とC店のエリアに、新たなビジネスが参入できるという仮説です。

■真空地帯理論

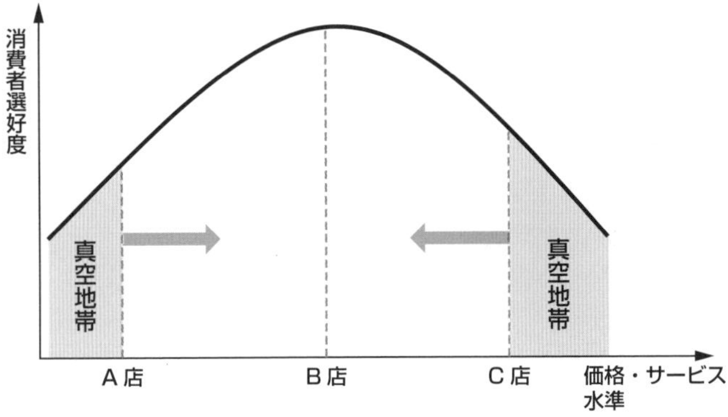

②リーガンの仮説

小売業において、製品レベルとサービスレベルとの結合（組み合わせ）の自由度が、単一結合型→複合結合型→全面結合型の順で発展するという仮説です。

③弁証法的仮説

既存業態の「**正**」が、正を否定する革新的業態の「**反**」と競争し、新業態の「**合**」が生まれるという仮説です。

■弁証法的仮説

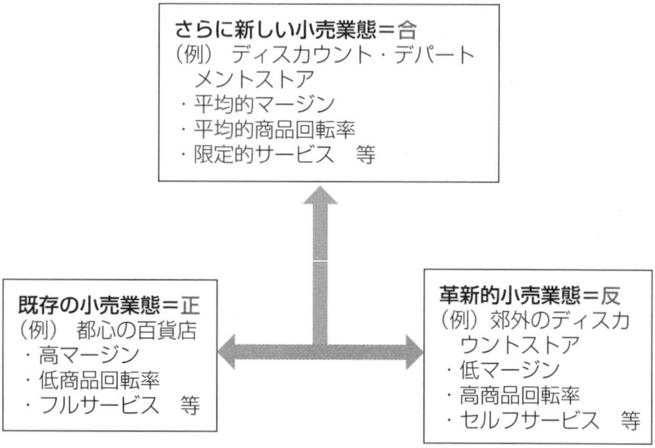

④適応行動理論

「**収斂**《しゅうれん》」「**異常発達**」「**退化**」「**同化**」という生物学の発想で小売業態の変化を説明しています。

要点マスター

小売業態変化の理論仮説

小売の輪の理論	価格視点	価格訴求と非価格訴求が繰り返される
アコーディオン理論	品ぞろえ視点	品ぞろえの総合化と専門化が繰り返される

Let's Try 一問一答

○×問題に答え、正解したらチェックマーク☑を入れましょう

□ ① 小売の輪の理論は、新しい革新的業態が生まれるサイクルを、価格面に焦点を当てて説明した理論仮説である。

□ ② アコーディオン理論は、商品構成の総合化と専門化の繰り返しというサイクルを、品ぞろえ面に焦点を当てて説明した理論仮説である。

□ ③ アコーディオン理論には、総合化と専門化が同時並行で進んでいるという考え方もある。

□ ④ 専門店とは、特定の商品が90%以上を占める小売業をいう。

□ ⑤ 真空地帯理論における真空地帯とは、小売店が飽和しているエリアである。

□ ⑥ リーガンの仮説によると、小売業において、製品レベルとサービスレベルとの組み合わせの自由度が、全面結合型→複合結合型→単一結合型の順で発展する。

□ ⑦ 弁証法的仮説によると、既存業態の「正」が、正を否定する革新的業態の「合」と競争し、新業態の「反」が生まれる。

□ ⑧ 適応行動理論では、「収斂」「異常発達」「退化」「同化」という生物学の発想で小売業態の変化を説明する。

【解答・解説】

①○　／②○　／③○　／④○　／⑤×　真空地帯とは、空白地帯のことである。／⑥×　単一結合型→複合結合型→全面結合型の順で発展する。／⑦×　既存業態の「正」が、正を否定する革新的業態の「反」と競争し、新業態の「合」が生まれる。／⑧○

LESSON 4

小売業の国際化

Check! ／ ／ ／

学習のPOINT

頻出度 ★

近年、小売業の海外進出など国際化が進展している。世界の主要小売業の特徴、グローバルリテーラーの動向と日本市場における課題について理解しよう。

1 グローバルリテーラーの動向

（1）グローバルリテーラーの形態

欧米では市場に強い影響力を持つ巨大小売業（パワーリテーラー）が出現しており、さらに積極的な海外進出を推進している**グローバルリテーラー**が注目されています。

グローバルリテーラーの形態には、次のようなものがあります。

①ハイパーマーケット

売場面積2,500㎡以上で、**食料品**を中心として雑貨、衣料、住関連用品など、**生活必需品**をすべて網羅する**豊富な品ぞろえ**と、**価格訴求力**を持つ大型のセルフサービス形態です。

ハイパーマーケットとスーパーセンターの違いがよくわかりません。

②スーパーセンター

売場面積１～２万㎡の大規模な店舗で、**豊富な品ぞろえ**と**低価格訴求力**を持った**セルフサービス**形態です。食料品を中心としたスーパーマーケットと、非食料品中心のディスカウントストアをワンフロアに融合し、食料品から住居用品までのフルライン商品構成で約10万品目を取り扱います。

スーパーセンターは、ハイパーマーケットより取扱品目が多く、顧客の商品選択ニーズやワンストップショッピングニーズへの対応力がある点が大きな違いです。

③ホールセールクラブ（会員制卸売クラブ）

売場面積10,000㎡程度の建築コストが安い倉庫（ウェアハウス）型店舗で、事業者と一般消費者向けの会員制現金販売専門店です。購入した商品を自分で持ち帰るセルフサービスを基本としています。商品は食料品や家庭用品など3,500～4,000品目程度に絞り込まれ、ケースやカートン単位の**単品大量販売**で**低価格**を訴求しています。

(2) グローバルリテーラーの主要形態

主なグローバルリテーラーの主要形態の特徴は、以下のようになっています。

ウォルマート（アメリカ）	・エブリデイロープライス（EDLP）といわれる恒常的な低価格政策 ・徹底したローコストオペレーション
カルフール（フランス）	・フルラインの品ぞろえと徹底した低価格政策 ・都心と郊外の中間点への出店
コストコ（アメリカ）	・ホールセールクラブ形態 ・EDLPによる徹底した低価格政策

2 日本市場におけるグローバルリテーラーの課題

(1) ローカライズ

日本市場におけるグローバルリテーラーの課題は、世界各国で成功を収めてきたビジネスモデルを活用しつつ、高度な日本の消費者ニーズや買物行動に対応した、**ローカライズ**を実現していくことにあります。

日本市場参入への課題には、次の４つがあります。

①多頻度の買物行動への対応
②豊富な品ぞろえ
③店舗選択行動の違いへの対応
④変化と賑わいに富んだ売場づくり

(2) 流通構造の多段階性への適応

日本の消費者ニーズに応える豊富な品ぞろえを実現するためには、**卸売業**の活用が不可欠です。メーカーとの直接取引を基本とするグローバルリテーラーですが、中間流通の多くに**卸売業**が介在する日本の流通構造への適応が求められます。

(3) 店舗網の拡大と物流基盤の整備

グローバルリテーラーの商品調達は、**直接取引**で強みを発揮できる構造です。**直接取引先**企業を増やしていくためには、**店舗網**の拡大と**物流基盤**の整備が必要となります。

用語

ローカライズ
グローバルリテーラーが、店舗の品ぞろえや商品価格などを、進出国の消費者ニーズに合わせて変えていくこと。

（4）直送とセンター納品

メーカーから店舗まで輸送する方法には、メーカーから店舗に直接輸送する直送と、物流センター経由で輸送するセンター納品があります。

直送は、品ぞろえが**少品種少品目**の店舗への輸送に適しています。**少品種少品目**の場合、単品当たりの発注数が大きくなりやすいからです。センター納品は、品ぞろえが**多品種多品目**の店舗に適しています。

■直送とセンター納品

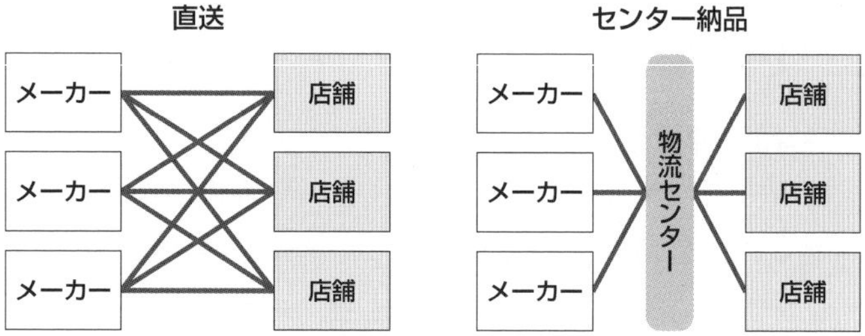

Let's Try 一問一答

○×問題に答え、正解したらチェックマーク☑を入れましょう		
□	①	市場に強い影響力を持つ巨大小売業のうち、積極的な海外進出を推進している企業をグローバルリテーラーという。
□	②	ハイパーマーケットは、売場面積１～２万㎡の大規模な店舗で、約10万品目におよぶ豊富な品ぞろえと低価格訴求力を持ったセルフサービス形態である。
□	③	ホールセールクラブとは、一般消費者も対象とした会員制の販売形態であり、ケースやカートン単位による大量販売で低価格を訴求している。
□	④	ローカライズとは、参入国の消費者ニーズに合わせて、店舗の品ぞろえや商品の品質、価格などを変動させることである。
□	⑤	グローバルリテーラーの商品調達は、卸売業の活用が特徴であり、もともと日本の流通構造に適している。
□	⑥	直送は、品ぞろえが多品種多品目の店舗に適している。

【解答・解説】
①○　／②×　ハイパーマーケットの売場面積は2,500㎡以上であり、設問はハイパーマーケットの規模を上回るスーパーセンターの説明である。／③○　／④○　／⑤×　グローバルリテーラーの商品調達は直接取引で強みを発揮できる構造であり、日本市場においては、卸売業を介在する日本の流通構造への適応が求められる。／⑥×　多品種多品目の店舗にはセンター納品が適している。

LESSON 5

チェーンストアの目的と運営

学習のPOINT

頻出度 ★★

一定の原則や基準に基づき店舗運営を規格化することで、効率よく多店舗展開しているのがチェーンストアである。運営には集中型管理組織によるチェーンオペレーションが重要となる。

1 チェーンストアとは

チェーンストアとは、一定の原則や基準に基づき、**規格化**された経営システムを駆使して、**多店舗**展開を志向する運営形態です。目的は、**マス・マーチャンダイジング**の実現や新市場の開拓などです。アメリカ・マーケティング協会では、単一資本で11店舗以上を**直接運営**する小売業あるいはフードサービス業と定義しています。

2 チェーンオペレーション

チェーンオペレーションとは、全店舗の販売や仕入、管理方法などを**標準化**し、本部による**集中型**管理を行うことで、**多店舗**展開を行うことです。

■チェーンオペレーションの特徴

①多店舗展開によって、マーケット・カバレッジ（市場シェア）の拡大を図る。

②多店舗を運営することで、仕入量が増し、サプライヤーに対する交渉力が強まる。

③チェーン全体には、**標準化**や**マニュアル化**がなされ、品ぞろえや売場構成、店舗の管理システムも共通である。

④店舗を販売に**特化**させるため、本部は、品ぞろえや価格決定、販売促進などの購買機能やスタッフ機能を担う。

3 チェーンストアの組織

(1) 単純で合理的な組織づくりの原則

チェーンストアには、次の５原則があり、単純で合理的な組織を構築し、多数の店舗を広域的に運営しています。

①**専門化**（スペシャライゼーション）
②**責任と権限**の明確化
③**命令系統**の統一化
④管理・**調整範囲**の確定
⑤店舗運営**責任**の決定

(2) 集中型管理組織の特徴

店舗が画一化され、大部分の商品も共通する集中型管理組織では、共通する商品や棚割・ディスプレイを本部のマーチャンダイザーなどの専門スタッフが決定し、各店舗に連絡します。

集中型管理組織には、次の特徴があります。

①少数のマネジャークラス担当者による**素早い決定**
②大量仕入のバイングパワーによる**有利な仕入条件**
③専門知識を持った人材の**育成・活躍機会の増加**
④チラシ広告の大量印刷など規模のメリットによる**コストダウン**

4 ローコストオペレーション

(1) ローコストオペレーションの推進

ローコストオペレーション実現のためには、以下の事項を実施します。

①**標準化政策**の徹底
②**物流システム**の構築
③**商品回転率**の向上
④**従業員**の計画的配置
⑤**パートタイム労働者**の活用

補足

マーチャンダイザーは、担当商品分野のマーチャンダイジングの責任者で、商品調達や商品開発にもかかわる。

用語

バイングパワー
大量仕入などの理由で小売業がサプライヤーとの仕入交渉で発揮する交渉力。

標準化政策
店舗の立地や規模、形状、品ぞろえ、運営方法などを標準化することである。

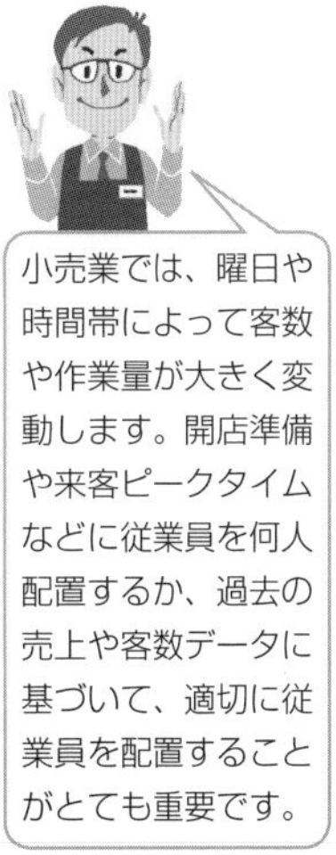

（2）セントラルバイング・システム

セントラルバイング・システム（**本部集中仕入方式**）とは、各店舗の仕入を本部が**一括**して行うことです。仕入に関する権限のほとんどを各店舗の商品担当者に与えず、本部に設置した仕入部門や商品部に、仕入に関する権限と責任を委譲します。セントラルバイング·システムは､チェーンストアのみならず百貨店や専門店などにおいても今日的課題となっています。

本部で一括して仕入れることにより、仕入単価の**引下げ**や過剰在庫の**防止**が可能となります。しかし、地域性を軽視した**画一的な**品ぞろえになることや、本部から遠い店舗への商品情報サービスが**不足**するなどの問題点もあります。

Let's Try 一問一答

○×問題に答え、正解したらチェックマーク☑を入れましょう		
□	①	アメリカ・マーケティング協会では、20店舗以上を直接運営する小売業、あるいはフードサービス業をチェーンストアと定義している。
□	②	集中型管理組織では、規模のメリットによりコストが上昇する。
□	③	ローコストオペレーションの構築には、パートタイマーを活用するとよい。

【解答・解説】
①×　11店舗以上である。／②×　規模のメリットによるコストダウンが図れる。／③○

LESSON 6

チェーン組織の運営特性

頻出度 ★★★

Check! ／ ／ ／

学習のPOINT

チェーンストアの仕組みを有して規模のメリットを享受する、ボランタリーチェーンやフランチャイズチェーン、レギュラーチェーンの組織形態や運営方法の特徴について理解しよう。

1 ボランタリーチェーン（VC）

（1）ボランタリーチェーンの定義

資本的に独立した複数の小売業が、主に商品の**共同仕入**を目的として結成する組織です。店舗経営の**独立**形態を保持した状態で集まり、**小売**機能を共同もしくは協業化するチェーンストア形態をつくり上げます。個々の小売店では不可能であった有力メーカーとの取引や、有利な条件の価格交渉が可能となり、加盟店は独自に経営の舵《かじ》取りをしながら、規模のメリットを享受できます。

■VCの理念

①意欲的な独立系小売業の結合による経済的地位の向上
②強力なチェーン本部の組織化・支援による加盟店の繁栄
③地域社会および世界に広く貢献

（2）VCの運営特性

VC本部では、加盟店の**規模**や**立地**条件などを加味して、加盟店ごとに店舗運営管理面で必要な対策を講じています。VCの経営は、次の４つの原則に基づいて進められます。

共同の原則	VC本部の指導と加盟店の協調性
利益性の原則	利益の有効投資と加盟店への還元
調整の原則	加盟店同士の過度の競争を調整
地域社会への貢献の原則	地域の住民からの信頼と支持

（3）VC本部の役割

VC本部には、運営管理で加盟店を支援したり本部の利益を加盟店に還元したりする役割があります。運営管理では、VC本部への仕入集中度向上を図り、加盟店への販売分析結果フィードバックなどを行います。

2 フランチャイズチェーン（FC）

（1）フランチャイズチェーンの定義

フランチャイザー（本部）が開発した経営ノウハウなどの提供に対して、フランチャイジー（加盟店）は自己資金を投入して、本部の開発したノウハウ、商標などを使用して営業を行い、お互いに利益を得ようとする事業の共同体です。

（2）フランチャイズビジネスの仕組み

フランチャイズとは、**特権、許可、販売権**を意味します。

フランチャイザーとフランチャイジーはあくまでも別個の独立した事業者です。**フランチャイズ契約**という一定のルールの下で事業を行うことで、消費者からは同一資本の企業が運営しているようにみえます。

■フランチャイザーとフランチャイジーのメリット・デメリット

	フランチャイザー	フランチャイジー
メリット	・他人資本の活用で急速に多店舗展開できる ・ロイヤルティの徴収で安定した経営基盤を構築できる	・起業する際のビジネスリスクを軽減できる ・独立性が一定水準確保され、経営意欲が働きやすい
デメリット	・一加盟者の不適切な経営がチェーン全体の信用を損失させる ・加盟者の責任意識や自助努力が欠如する恐れがある	・加盟金やロイヤルティなどの支払いが必要となる ・店舗経営に制約があり、創意工夫の自由度が低い

■VCとFCの違い

	ボランタリーチェーン	フランチャイズチェーン
組織の構成要素	加盟店の自発的な意思で結成	本部と加盟店の1対1の契約で成立
本部利益の還元方法	戦略的投資による持続的な利益還元を受けることができる	本部の持続的な利益還元を受ける確固たる保証はない
加盟店同士のつながり	ある	基本的にない

3 レギュラーチェーン（RC）

（1）レギュラーチェーンの定義

単一の**法人組織**のもとで、同一形態の**直営店**を一定の標準化されたルールに基づいて、多店舗展開する小売業の組織形態を指します。スーパーマーケットやドラッグストアなど、あらゆる業種・業態でみられます。

■RCのオペレーションの特徴

①本部主導による経営
②マス・マーチャンダイジングの発揮
③物流体制の整備・確立
④システム化による**経営効率**の追求
⑤パートタイム労働者比率の向上

Let's Try 一問一答

○×問題に答え、正解したらチェックマーク☑を入れましょう

□	①	資本的に独立した複数の小売業が、主に商品の共同仕入を目的として結成する組織を、フランチャイズチェーンという。
□	②	本部が開発した経営ノウハウの提供を受けて、加盟店が自己資金を投入して営業する組織形態を、ボランタリーチェーンという。
□	③	ボランタリーチェーンの経営原則として、共同の原則、利益性の原則、調整の原則、地域社会への貢献の原則がある。
□	④	レギュラーチェーンでは、加盟店は本部に対して、加盟金やロイヤルティなどの支払いが必要となる。
□	⑤	レギュラーチェーンは、本部の一括仕入機能によって、多数の店舗を組織的に統合して展開している。

【解答・解説】
①×　設問はボランタリーチェーンの説明である。／②×　設問はフランチャイズチェーンの説明である。ボランタリーチェーンとフランチャイズチェーンの違いを理解しておこう。／③○　／④×　単一法人組織が展開する組織形態であるため、加盟金やロイヤルティは発生しない。加盟金やロイヤルティが発生するのは、フランチャイズチェーン。／⑤○

LESSON 7

専門店・百貨店の運営特性

Check!

学習のPOINT

頻出度 ★★★

専門店は商品ラインを限定し深く品ぞろえし、百貨店は衣食住にわたる広い商品ラインを提供する。専門店ではPB商品を育成する商品政策が、百貨店では委託販売や消化仕入が重要論点である。

1 専門店の運営特性

専門店（Specialty Store）は、**ターゲット顧客**を明確にして、品ぞろえや販売、サービスに高水準の専門性を発揮する店舗です。

（1）品ぞろえの専門性

品ぞろえの専門性として、**品種別**専門化、**用途別**専門化、**顧客層別**専門化などがあります。

品種別専門化は、時計専門店やスポーツ用品専門店など、特定の**品種**を深く品ぞろえします。用途別専門化は、ギフト用品専門店や旅行用品専門店など、特定の**利用シーン**に合わせて専門化しています。顧客層別専門化は、年代層別の消費特性やニーズに合わせて専門化しています。

また、PB商品の開発で独自の品ぞろえをする専門店もあります。

■SPAの品ぞろえの特徴

	ライフスタイルアソートメント型	リミテッド＆デプス型
取扱商品（品種）	広げる	絞る
色やサイズ（SKU）	絞る	広げる
特徴	・主要顧客層のライフスタイルに合わせた品種 ・比較購買やトータルコーディネートを実現	・主要顧客層の特定の生活シーンに合わせた品種の絞り込み ・品種内のいかなるニーズにも応える

用語

PB商品
PB商品とは、プライベートブランド商品のこと。小売業や卸売業などの流通業が独自に商品開発を行い、メーカーに製造委託し、販売する。

製造小売であるSPAの品ぞろえは、主要顧客層のライフスタイルに合わせて品種を広げ、品種ごとの色やサイズなどのSKUを絞る**ライフスタイルアソートメント型**と、品種を絞り、SKUを広げる**リミテッド&デプス型**に大別できます。

（2）販売、サービスの専門性

販売、サービスの専門性として、顧客の立場に立ってアドバイスなどをする**コンサルティングセールス**があります。販売員には、豊富な商品知識と高度なコミュニケーション能力が求められます。特に買回品や専門品では、商品の魅力を視覚的に表現するビジュアルマーチャンダイジングが必要です。

■専門店の運営特性

品ぞろえ	・品種や利用シーン、顧客層に合わせた深い品ぞろえ ・PB商品の開発
販売方式	・豊富な商品知識と高度なコミュニケーション能力によるコンサルティングセールス ・商品の魅力を視覚的に表現するビジュアルマーチャンダイジング

（3）立地条件からみる特性

最寄品専門店は、**顧客層**が幅広いことが特徴です。狭い商圏でも、**顧客層**が幅広ければ一定の顧客数を見込めます。好みが個性化しやすい買回品・専門品専門店は、**顧客層**を絞り込みます。**顧客層**を絞り込む分、商圏を広くします。

■専門店の立地特性

	最寄品専門店	買回品・専門品専門店
立　地	住宅地近く、郊外の駅前	都市の中心部、繁華街
商　圏	狭い	広い
ターゲット顧客層	幅広い	絞り込む

2 百貨店の運営特性

百貨店（Department Store）とは、比較的高額または

用語

SPA（Speciality store retailer of Private label Apparel）
製造小売。小売業が、卸売業や製造業の機能まで担って、自社ブランドを確立する業態。

SKU（Stock Keeping Unit）
単品管理における商品の最小単位。

高級な商品を主体として華麗な売場を店内に展開する**大規模小売店舗**です。衣食住にわたる広い品ぞろえで、顧客のニーズに総合的に応えています。部門別組織の売場において対面販売方式によるホスピタリティとサービスを提供することで、顧客ベネフィットを追求しています。

（1）構造改革への取組み

消費不況の中、百貨店は販売と仕入形態の改革だけでなく、さまざまな構造改革に取り組んでいます。

■百貨店の構造改革例

コスト削減	社員削減や不採算店舗の閉鎖
新顧客層開拓	カジュアル路線のテナント誘致
一括仕入	店舗別の仕入ではなく地域基幹店が一括仕入
強み部門強化	デパ地下部門強化

（2）特徴的な販売と仕入形態

百貨店ではこれまで**消化仕入**が行われてきました。売れ残っても百貨店の**ロス**にならない、いつでも季節商品や流行商品などを豊富に品ぞろえすることができる、といったメリットがありますが、安易に**仕入**が行われ、適正な仕入を行う**能力**が低下するデメリットもみられました。さらに百貨店の社員が販売するのではなく、**メーカー派遣社員**が販売する場合が多く、接客力や情報収集力、コーディネート提案力など、百貨店としてのマーケティング力も弱まりました。

このような反省から、百貨店は、自ら商品を買い取り、売れ残るとロスになるリスクを負って販売する自主マーチャンダイジング（MD）を始めています。ブランドに関係なく百貨店が設定したコンセプトで品ぞろえした商品を陳列する自主編集により、セレクトショップのライフスタイル提案型の売場や、用途別、サイズ別といった売場づくりが可能になります。自主マーチャンダイジングを高度化してPB商品開発に取り組む百貨店もあります。

要点マスター

専門店と百貨店の特徴

専門店
・ターゲット顧客を明確にして、品ぞろえや販売、サービスに高水準の専門性を発揮する ・PB商品開発に注力 ・顧客の立場に立ってアドバイスなどをするコンサルティングセールスを行う
百貨店
・高額または高級な商品を主体として華麗な売場を店内に展開する大規模小売店舗 ・消化仕入という独自の商慣行によるマーケティング力低下 ・マーケティング力強化のために、自主マーチャンダイジングを導入

Let's Try 一問一答

○×問題に答え、正解したらチェックマーク☑を入れましょう

□	①	専門店とは、ある特定分野の商品ラインに取扱いを限定して、それらを広く品ぞろえした小売店である。
□	②	PB商品とは、小売業や卸売業などの流通業が自主的に開発・販売する（保有する）商品のことである。
□	③	百貨店とは、衣食住にわたる広い品ぞろえを行い、高額または高級な商品を主体として展開する大規模小売店舗である。
□	④	構造改革として、一括仕入に取り組む百貨店がある。
□	⑤	消化仕入とは、商品の引渡し時に仕入先から商品を買い取る形態である。

【解答・解説】
①×　広くではなく深くである。／②○　／③○　／④○　コスト削減や新顧客層開拓、強み部門強化などの構造改革に取り組む百貨店もある。／⑤×　仕入先が商品を持ち込み、その商品が店頭で売れたら仕入を計上する形態である。

LESSON 8

Check!

GMS・スーパーマーケット・ホームセンターの運営特性

学習のPOINT

頻出度 ★★★

GMS（総合品ぞろえスーパー）とスーパーマーケットは、本部集中仕入を採用しているが、ホームセンターは取扱いアイテムの多さから、本部集中仕入に加え、店舗の独自仕入もみられる。

1 GMS(総合品ぞろえスーパー)の運営特性

GMS（General Merchandise Store）は、**ワンストップショッピング**を目指した小売業態のことで、**衣食住**にかかわる生活に必要な商品を、**総合的**に品ぞろえしています。ワンストップショッピングを実現するため、**大型店舗**を設営し、セルフサービス方式で販売します。GMSは「総合品ぞろえスーパー」と訳され、スーパーストアともいいます。

チェーンオペレーションを基本とし、**プライベートブランド（PB）**商品や**ストアブランド（SB）**商品の導入など、低価格商品の実現による他社との差別化が積極的に試みられています。

（1）ネットスーパー

インターネットで注文を受けた商品を宅配する「**ネットスーパー**」事業が拡大しています。ネットスーパーにより、顧客シェアの向上が期待できます。ネットスーパーは、「**店舗型**」と「**倉庫型**」に大別されます。

店舗型	既存の店舗の商品や作業場、店員をそのまま活用する
倉庫型	ネットスーパー専用の商品や作業場、人員を、店舗とは別に用意する

2 スーパーマーケット（SM）の運営特性

スーパーマーケット（Supermarket）とは、**生鮮三品**（精肉・青果・鮮魚）など、毎日の食生活を支える商品を中心に総合的な品ぞろえをする小売業です。**ローコストオペレーション**に基づく低価格、大量販売を行います。また、スーパーマーケットは生鮮食料品を中心に**セルフサービス販売方式**で販売します。食料品のワンストップショッピング機能を実現し、生鮮食料品から加工食品まで扱っています。

（1）今後の方向性

従来の消費者のライフスタイルが変化したことにより、スーパーマーケットは家庭への**食材提供機能**に加えて、**利便性**（ワンストップコンビニエンス）と**品質性**を追求することが重要となっています。

■スーパーマーケットの役割の方向

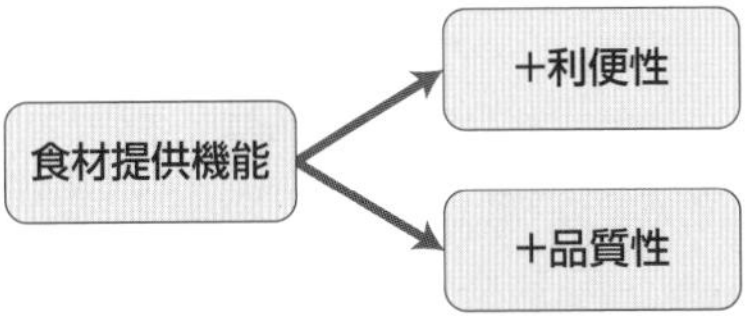

食材提供機能	ベーシックな家庭料理の生鮮三品食材中心
利便性	半調理品や調理済品の提供による調理時間の節約（家庭の台所機能）
品質性	高級さ、新鮮さ、味へのこだわり

利便性や品質性の内容は地域ごとに異なります。本部主導型の画一的標準化政策に従うだけでなく、地域ごとの利便性や品質性に合わせて、提供する商品やサービスの組合せを変える必要があります。

（2）商品政策

最近の商品政策の傾向として、生鮮三品と惣菜・日配品の強化がみられます。**食のオケージョン**（機会・状況）に合わせてメニューを提案して主婦の買物をサポートしたり、すぐに食べられる惣菜を提供するなどの**ミールソリューション**（食料品の買物解決）を導入したりするなど、顧客への提案力強化を図っています。その他、**PB商品**を強化するスーパーマーケットもあります。

日配品とは、メーカーで製造され、冷蔵が必要で日持ちのしない食品のことです。具体的には牛乳や生菓子、豆腐や練物、漬物などです。チェーンによっては冷凍食品やパンを含めるそうです。

3 ホームセンターの運営特性

ホームセンター（Home Center）とは、大型店舗に**DIY商品**を中心とした生活関連用品を幅広く品ぞろえした小売業です。**セルフサービス販売**を主体としています。

ホームセンターの運営は、**バラエティ型**と**DIY型**に大別できます。バラエティ型は、消耗雑貨や飲料水などの**コモディティ**（日用品）の低価格販売で来店率を高め、粗利益率の高いDIY用品や園芸用品を強化して収益を高めています。また店舗の標準化、効率化を追求し、チェーンオペレーションを徹底的に強化しています。一方、DIY型は、プロ需要への対応のため取扱いアイテムが多いことが特徴です。

ホームセンターで販売する商品は、商品回転率の**低い**ものが多く、販売効率が**悪い**です。販売効率が悪くても利益を確保するため、損益分岐点の低い**ローコストオペレーション**の店舗運営が基本になっています。

用語

DIY
DIYとはDo It Yourselfの略である。専門業者に任せるのではなく、自らの手で製作や補修をしようとする考え方で、DIY商品とは、工具や補修部品などを指す。

Let's Try 一問一答

○×問題に答え、正解したらチェックマーク☑を入れましょう		
□	①	GMSはワンストップショッピングを可能とし利便性が低い。
□	②	スーパーマーケットは対面販売が主な販売方法である。
□	③	スーパーマーケットは利便性と品質性の追求が重要となっている。
□	④	ホームセンターにおいて商品回転率の低い金物類（部品）は、売場での在庫管理や販売管理が比較的容易である。

【解答・解説】
①×　利便性が高い。／②×　セルフサービス方式である。／③○　／④×　とても困難である。

LESSON 9

ドラッグストア・コンビニエンスストア・スーパーセンターの運営特性

Check! ／ ／ ／

学習のPOINT

頻出度 ★★★

注目が集まる小売業態である。ドラッグストアは医薬品医療機器等法への対応、コンビニエンスストアはフランチャイズシステム、スーパーセンターはEDLPが重要論点となる。

1 ドラッグストアの運営特性

ドラッグストア（Drug Store）とは、**H＆BC（ヘルス＆ビューティケア）**カテゴリーを中心に品ぞろえした小売業です。**処方箋調剤**主体の店舗は薬局・調剤薬局などと呼ばれ、ドラッグストアと区別されています。販売は**セルフサービス方式**です。

（1）医薬品医療機器等法と出店

これまでは**薬事法**（現・薬機法）により、医薬品を取扱うには、店舗に**薬剤師**が必要でした。しかし、社会環境の変化に伴い、消費者の安全性を確保しながら利便性を高める規制緩和が求められ、議論の末、2014（平成26）年に**医薬品医療機器等法**が施行されました。ポイントは、副作用などの危険性が少ない一般用医薬品は、新たに設けられた**登録販売者**の資格を持った従業員を配置すれば、薬剤師がいなくても販売できるようになったことです。これにより、コンビニエンスストア等でも一般用医薬品が販売できるようになりました。

（2）今後の方向性

ドラッグストア運営は、ソフト面での付加価値提供を行う業態への進化が求められます。サプリメントや機能性食品の品ぞろえ強化だけでなく、薬剤師や登録販売者など専門知識を持ったスタッフによる**ライフスタイルコーディネート提案**がますます重要となります。

医薬分業の進展に伴い、医療機関から出される処方箋を

用語

H&BCカテゴリー
大衆薬、健康食品、化粧品など、健康・美容関連の商品群のこと。

医薬品医療機器等法（薬機法）
一般用医薬品を、副作用などの危険性が高い順に第１類～第３類に分けている。薬剤師は第１類～第３類、登録販売者は第２類・第３類を販売できる。

用語

医薬分業
医師と薬剤師で医薬品の使用をダブルチェックし、効き目や安全性を高める体制のこと。

調剤する**調剤部門**や、医薬品の情報収集などをする**学術部門**を設ける企業もあります。

2 コンビニエンスストアの運営特性

コンビニエンスストア（Convenience Store）とは、30坪程度の比較的**小型**の店舗で、食料品や弁当類、日用雑貨などの商品や、コピーやFAX、収納代行などの**各種サービス機能**をセルフサービスで提供する店舗です。特にフランチャイズシステムを導入したコンビニエンスストアチェーンは、店舗や商品構成、サービス、オペレーションなどの標準化に成功しました。

（1）フランチャイズシステム

コンビニエンスストアの多くは、**フランチャイズシステム**を採っています。フランチャイズシステムでは、本部が店舗運営や商品開発、販売促進などチェーンの**運営ノウハウ**を加盟店に提供し、加盟店はそのノウハウに対し、**ロイヤルティ**という形で対価を支払う契約を結びます。

運営ノウハウは、マニュアルや本部の巡回指導員（スーパーバイザー）によって提供されるものもありますね。

コンビニエンスストアの加盟店の多くは、元酒販店や商店など、土地や店舗などの不動産や資金を有する中小小売業出身です。近年は、本部が開発した店舗のオーナーを募集して、運営を委託する方式も定着しています。

フランチャイザー、フランチャイジー➡P.34

■フランチャイズシステム

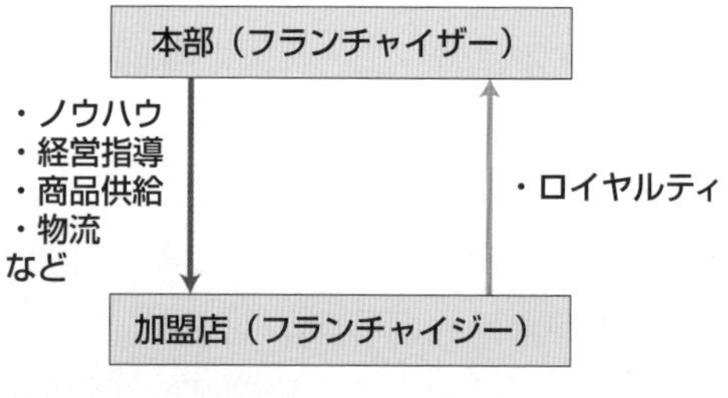

（2）店舗・立地の特徴

加盟店に中小小売業が多いことは、本部の**投資**を少なくし、早い**多店舗展開**を可能にします。

立地については、従来は地域住民を対象として、駅前や商店街などの店舗が多くありました。最近では、ショッピングセンターや病院などの施設内の店舗、ロードサイドなど郊外の店舗が増えています。店前の**通行客**（流動客）を対象としたオフィス街や駅ナカなどの店舗も増えています。ロードサイドの店舗は**大型化**しやすく、病院やオフィス街、駅ナカの店舗は**小型化**しやすい傾向があります。

（3）商品化政策

コンビニエンスストアは、売場面積30坪の中で、差別化や利益確保のためにオリジナル商品やPB商品を強化したり、利便性のために生活に必要な各種サービスの提供や生鮮三品の導入に取り組んだりしています。狭い売場面積では陳列できるアイテムも限られるため、**単品管理**の商品政策を採用することで**売れ筋**、**死に筋**商品を的確に把握し、1年間に約3,000アイテムの3分の2程度の入れ替えに努めています。

3 スーパーセンター（SuC）の運営特性

スーパーセンター（Super Center）とは、日々の生活を支える必需品を中心に幅広い品ぞろえで、恒常的に**超低価格**で販売する小売業です。平屋建てで**ワンフロア**かつ、装飾を抑えたノーフリル型の広大な**ローコスト型**店舗をルーラル立地に設営し、セルフサービス方式で販売します。

（1）運営の特徴

スーパーセンターは、**EDLP**（Everyday Low Price：毎日が安売り）という価格政策が特徴です。最低価格にPB商品を配置することもあります。

EDLPの実現には、EDLC（Everyday Low Cost）が不可欠です。単品の大量陳列といった店舗オペレーションの簡素化や大量仕入により、EDLCを実現しています。常に低価格で販売することで、チラシ広告をせずに、高い集客力を維持できます。

補足

ルーラル（郡部、田舎）立地には、①広大なローコスト店舗や駐車場を可能にする、②競合店が少なく商圏内の圧倒的顧客シェアを獲得できる、といったメリットがある。

EDLPの価格政策では、粗利益率より商品回転率の高さ（薄利多売）で利益を確保します。

要点マスター

主な小売業態の運営特性

ドラッグストア
・H&BC（ヘルス&ビューティケア）カテゴリーを中心に品ぞろえした小売業 ・医薬品医療機器等法により、副作用などの危険性が少ない第2類・第3類の一般用医薬品は、登録販売者の有資格者を配置すれば、販売できる
コンビニエンスストア
・日々の生活に欠かせない商品を広く、浅く品ぞろえした小売業 ・多くのコンビニエンスストアは、フランチャイズシステムを導入している ・本部は加盟店に運営ノウハウを、加盟店は本部にロイヤルティを提供する
スーパーセンター
・日々の生活を支える必需品を中心に幅広い品ぞろえで、恒常的に超低価格（EDLP）で販売する小売業

Let's Try 一問一答

○×問題に答え、正解したらチェックマーク☑を入れましょう		
□	①	薬剤師を配置しないと、薬の販売はできない。
□	②	コンビニエンスストアの多くは、レギュラーチェーンである。
□	③	コンビニエンスストアでは、単品管理の商品政策を採用することで、売れ筋、死に筋商品を的確に把握する。
□	④	スーパーセンターは、平屋建てでワンフロアかつ、ノーフリル型の広大なローコスト型店舗を設営している。
□	⑤	スーパーセンターの運営の特徴は、ハイ&ロー政策という価格政策にある。

【解答・解説】
①×　医薬品医療機器等法により、副作用などの危険性が少ない一般用医薬品については、新たに設けられた登録販売者の資格を持った従業員を配置すれば、薬剤師がいなくても販売できるようになった。／②×　フランチャイズチェーンである。／③○　／④○　／⑤×　EDLPである。

LESSON 10

生協（消費生活協同組合）の運営特性

Check! ／ ／ ／

学習のPOINT

頻出度 ★★

生協は消費者が出資・利用・運営する購買組織であり、加入・脱退が自由であることや消費者が各種事業を行うことが特徴である。個人宅配やコープネットに取り組む生協もある。

1 生協の特徴

生協は、**消費生活協同組合法**に基づき、消費者（組合員）が共同で商品の購入などを行う組合です。組合の出資・利用・運営は**組合員**が行います。生協の加入と脱退は原則として自由です。加入時には**入会金**と**出資金**の両方が徴収されます。出資額に応じて配当額は増えますが、他の権利は増えません（**1人1票主義**）。

■入会金と出資金

入会金	事務代行料。脱退時に返却されない
出資金	事業運営費や設備投資費。脱退時に返却される

2 生協の機関運営

生協は次の機関で運営されています。

■生協の機関運営

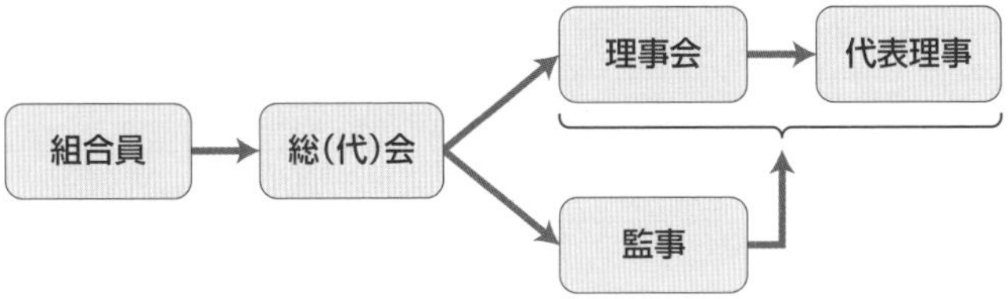

総(代)会	・意思決定の最高機関。組合員の代表 ・事業計画や予算、決算の承認
理事会	・運営上の重要事項の決定 ・業務執行状況の監督
代表理事	・理事会で選定された生協の代表者 ・業務を執行する

監事	・理事会や代表理事の職務遂行の監査 ・会計が適正か、業務執行が法令・定款・規約などに則っているかをチェックする

3 生協の共同事業

生協は、商品の共同購入以外にさまざまな事業を運営できます。組合員以外の事業利用（員外利用）は原則禁止ですが、行政庁の許可などで認められることがあります。共同購入品の個人宅配やコープネット（生協同士のネットワーク）構築、隣接都道府県の生協合併などで利便性や規模拡大を目指す生協もあります。

■生協の主な事業

物資の購買事業	食料品や日用品の共同購入
利用事業	食堂、理容、病院、旅行などのサービス事業
生活文化事業	講習会、映画会、音楽会などの開催
共済事業	生命共済、火災共済、自動車共済などの保険
教育事業	組合員や生協職員に対する研修会などの開催

Let's Try 一問一答

○×問題に答え、正解したらチェックマーク☑を入れましょう
□ ① 生協は、消費生活用製品安全法に基づく組合である。
□ ② 生協は、組合員が出資・利用し、都道府県が運営する組合である。
□ ③ 生協への加入は自由だが、脱退には総（代）会の承認が必要である。
□ ④ 生協は、行政庁の許可があれば、事業の員外利用ができる場合がある。

【解答・解説】
①×　消費生活協同組合法に基づく組合である。／②×　生協の出資・利用・運営は組合員が行う。／③×　生協の加入と脱退は原則として自由である。／④○

第2章 マーチャンダイジング

LESSON 1

マーチャンダイジングとは何か

学習のPOINT

頻出度 ★★

Check! ／ ／ ／

マーチャンダイジングとは、商品を品ぞろえして、顧客に対して販売する業務をいう。品ぞろえ業務と販売業務は日々繰り返して行われるので、サイクル状の循環プロセスという形で表される。

1 マーチャンダイジングの概念

アメリカ・マーケティング協会は、2008年に、マーチャンダイジングを「**インストアディスプレイ**を展開するメーカーの販売促進活動および小売業における商品(アイテム)と商品ラインの明確化」と定義しました。この定義には、次の特徴があります。

(1) メーカーもマーチャンダイジングを実施する

小売業の品ぞろえや販売促進といったマーチャンダイジングは、小売業単独で行うのではなく、メーカーと**共同で行うもの**と考えています。

(2) アイテム(品目)レベルと商品ライン(品群)レベルがある

アイテム(品目)レベルは、**売場**ごとのマーチャンダイジングを示し、商品ライン(品群)レベルは、売場を統括する**店舗全体**を示しています。現在では、商品ライン(品群)レベルをさらに細分化した、**クラス**(品種)レベルとアイテム(品目)レベルでマーチャンダイジングしている小売業もあります。

補足

マーチャンダイジングの定義はさまざまで、狭義の見解として商品計画や管理のみを指すものもある。本書では商品計画や仕入計画などの品ぞろえ業務から販売業務まで、広義の見解をとっている。

2 マーチャンダイジングの構成要素

マーチャンダイジングには、13の構成要素があり、商品計画を起点として次ページのような循環サイクルで表すことができます。これを**マーチャンダイジング・サイクル**と呼んでいます。

■マーチャンダイジング・サイクル

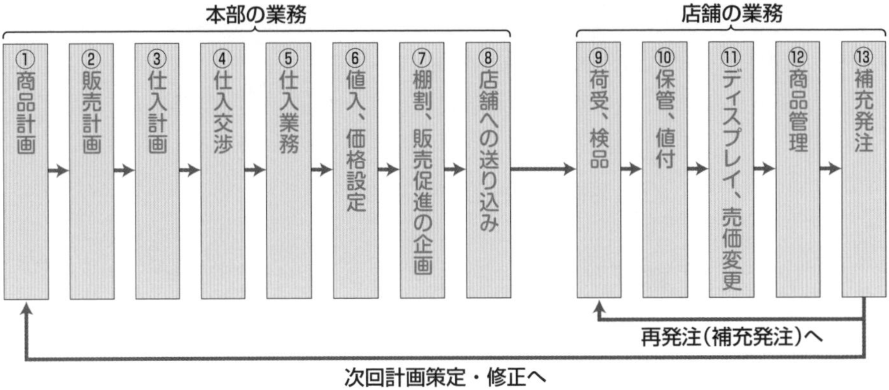

マーチャンダイジング・サイクルの中で、チェーンストアの本部は、主に以下（1）～（8）の業務を担当します。

（1）商品計画

顧客に合わせた商品構成を確立します。売場づくりのフローに合わせて商品構成を細分化した後に、細分化した商品カテゴリー別の年間商品計画表を、四半期別→月別→週別に立案します。

■売場づくりと商品構成

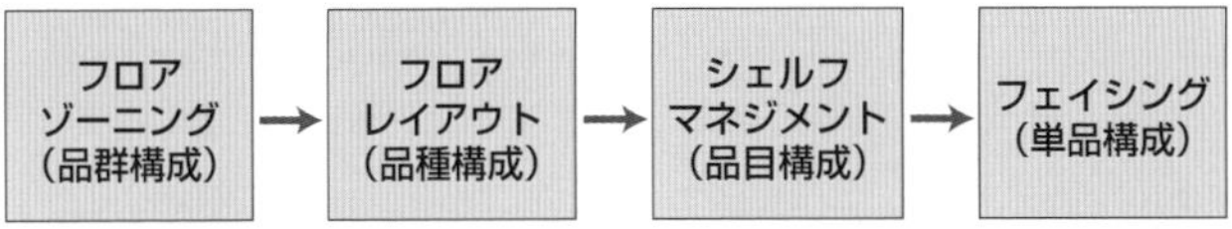

（2）販売計画

商品計画に基づいて、１年52週の週単位販売計画を策定します。販売計画には、プロモーション・テーマや販売方法、価格設定、広告計画などを盛り込みます。

（3）仕入計画

販売計画に基づいて、商品別に、仕入の数量や価格、仕入先、仕入方法を計画します。

（4）仕入交渉

仕入先企業の営業担当者と、リベートやアローワンスを含めて、仕入条件交渉をします。

（5）仕入業務

決定した仕入条件に従って商品を仕入れます。

（6）値入、価格設定

仕入原価に加える利益額（値入額）と価格（売価）を設定します。

（7）棚割、販売促進の企画

フロアゾーニングやフロアレイアウトを整備した上で、**棚割**（単品の商品配置）を企画・決定します。販売促進の企画では、**潜在する購買需要**を掘り起こすことが重要です。

（8）店舗への送込み

本部で一括仕入した商品から、適切な時期に適切な数量を店舗に送り込みます。店舗ごとに適切な時期や適切な数量が違うため、**ディストリビュータ**が時期や数量を調整して送り込みます。

用語

ディストリビュータ
各店舗へ商品を投入するにあたり適切な時期や数量を設定したり、死に筋商品の移動先店舗を調整したりする専門スタッフ。

次に、マーチャンダイジング・サイクルの中で、チェーンストアの店舗は、主に以下**（9）**～**（13）**の業務を担当します。

（9）荷受、検品

店舗に到着した商品の品目と数量、破損や汚損の有無などを確認します。荷受、検品、保管の３つの業務をまとめて**検収**といいます。ノー検品の検収体制の確立が求められています。

（10）保管、値付

検品した商品に値札を付けて、店舗のバックヤードや物流センターに保管します。

（11）ディスプレイ、売価変更

店舗で検収した商品は、**棚割表**に合わせて売場に補充（品出し）します。鮮度劣化が早い商品や製品ライフサイクル衰退期の商品は、**値下**や販売方法の変更をします。

（12）商品管理

在庫数量や売れ筋・死に筋商品とその理由などを分析し、

次の商品計画や販売計画、仕入計画にフィードバックします。

(13) 補充発注

定番商品の在庫数量が減少した場合に、店舗から補充のための再発注（補充発注）をします。

Let's Try 一問一答

○×問題に答え、正解したらチェックマーク☑を入れましょう		
□	①	マーチャンダイジングは、商品計画を起点として活動が行われる。
□	②	マーチャンダイジング・サイクルでは、商品計画→仕入計画→販売計画の順に計画する。
□	③	チェーンストアにおいて、棚割を企画・決定するのは店舗である。
□	④	マーチャンダイジング・サイクルでは、商品管理の分析結果を、次の計画にフィードバックする。
□	⑤	チェーンストアにおいて、補充発注するのは本部である。

【解答・解説】
①○　／②×　商品計画→販売計画→仕入計画の順に計画する。／③×　チェーンストアにおいて、棚割の企画・決定は本部の業務である。／④○　／⑤×　補充発注するのは店舗である。

LESSON 2

戦略的商品計画の立案

Check!

学習のPOINT

頻出度 ★★

商品計画の立案においては、小売業の経営方針や戦略目標を商品政策に反映させることが重要である。そのため、経営方針に合わせた商品の役割と位置づけを明確化しておくことが必要となる。

1 商品計画の立案方法

商品計画は次の手順で立案します。

■商品計画の立案手順

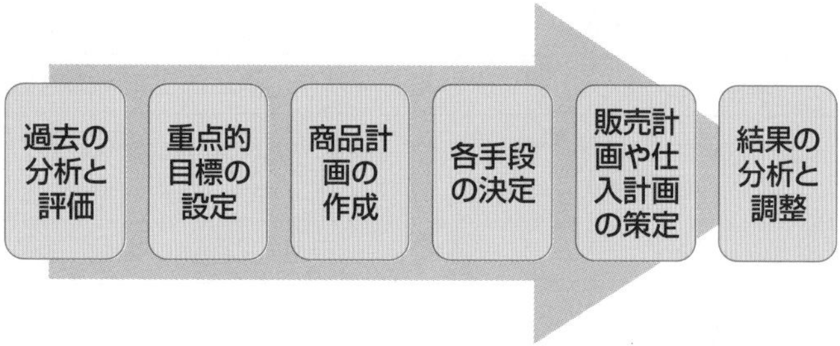

（1）過去の業績や活動の分析と評価

過去の業績や活動を評価し、次に現状を分析します。過去の評価と現状の分析から、**目標**を予測します。

（2）商品計画の重点的目標の設定

品種構成や品目構成を**拡大する**のか**絞り込む**のかなどを決定します。

（3）商品計画の作成

品ぞろえの**幅**（品種構成、水平化）と**深さ**（品目構成）のバランス、定番商品と提案型商品のバランス、需給の適合度、収益性、商品ライフサイクルなどを考慮します。

（4）各手段の決定

カテゴリー別の売場配置、月別の売上指数、**販売促進策**の内容と時期などを決めます。

(5) 販売計画や仕入計画の策定

商品計画に基づいて、販売計画や仕入計画を策定します。

(6) 結果の分析と調整

営業数値や品ぞろえ、売場づくりやプロモーション、競争店比較などを分析し、計画通りになっていない部分を調整します。

2 商品構成と商品選定

顧客ニーズに合った商品を選び、選んだ複数の商品をあるテーマに合わせて分類し、組み合わせて編集することを**アソートメント**といいます。たとえば、顧客のライフスタイルを基準に決定したテーマに基づいて商品を構成し、的確に組み合わせて売場を編成することを、ライフスタイルアソートメントといいます。

商品の編集では、パーセンテージで商品分類ごとの構成割合を決めます。

3 商品構成の階層

商品構成は重層式の階層となっており、次ページのように大きい方から**グループ**、**デパートメント**、**ライン**、**クラス**、**サブクラス**、**アイテム**、**SKU**と細分化されています。

商品構成の階層を決定する体系には、**生産**（ブランド）体系と**生活**（シーン）体系があります。

生産（ブランド）体系は、メーカー別やブランド別など、商品供給側の都合による分類です。たとえば、「メーカー別」→「メーカー内のブランド別」→「ブランド内の用途別」などのように階層を決定します。

生活（シーン）体系は、メーカーやブランドが違っても、用途などが同じであれば同じ分類にするなど、顧客側の商品の比較しやすさや選びやすさに配慮した分類です。たとえば、「ヘアケア」→ヘアケア内のシャンプー・リンス・コンディショナー→コンディショナー内のサラサラヘア・

濡れた感じ・ストレートヘア・ウェーブヘアなどのように階層を決定します。

■商品構成の階層（総合品ぞろえスーパーの例）

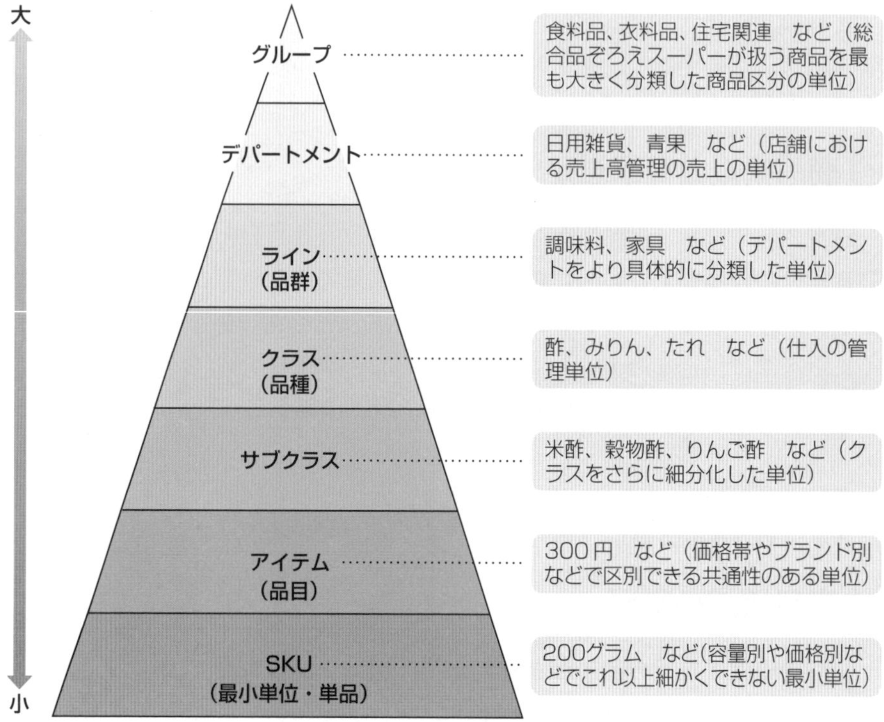

よくある質問

Q 小売業はどのような基準で商品を選定していますか？

A 地域市場のニーズに適合しているかどうかの「ニーズ適合性」、売れるかどうかの「販売期待性」、利益が出るかどうかの「利益期待性」の３つの基準で選定しています。特に「ニーズ適合性」が最も重視されています。

Let's Try 一問一答

○×問題に答え、正解したらチェックマーク☑を入れましょう

□	①	商品計画の策定では、過去の売上実績を考慮する必要がない。
□	②	アソートメントとは、顧客ニーズに合った商品を選び、選んだ複数の商品をあるテーマに合わせて分類し、組み合わせて編集することである。
□	③	総合品ぞろえスーパーでは、商品構成をグループ、デパートメント、ライン、クラス、サブクラス、アイテム、SKUと細分化する。
□	④	商品構成の階層を決定する体系には、生産（ブランド）体系と生活（シーン）体系がある。
□	⑤	グループは、デザインや素材が同一の単品をとりまとめた商品単位での分類である。
□	⑥	SKUは商品構成上、最も小さい単位での分類である。

【解答・解説】
①×　前年度比などの数値を検討し、決定する。／②○　／③○　／④○　／⑤×　グループは、最も大きな単位での分類であり、衣料品・食料品・住宅関連などの区分である。／⑥○

LESSON 3

販売管理と予算管理

Check!

学習のPOINT

頻出度 ★★★

販売管理は、営業活動関連の情報の収集・分析に基づく戦略や目標の設定、販売計画の作成、指揮・統制、評価であり、目標利益を達成するための実行計画の管理が予算管理である。

1 販売計画から販売管理までのフロー

（1）立案プロセス

内部情報である**販売実績**や、外部情報である**業界動向**を分析します。

分析結果から自己の商圏における購買需要や自店の商圏におけるシェア、販売の伸び率を予測します。予測は**店舗単位**や**売場単位**で、販売促進コストも考慮して行います。販売予測に売上高や利益額などの財務面を考慮して総合的な販売計画を作成します。

（2）実行プロセス

週単位で特売計画や死に筋商品の撤去、地域イベントなどへの対応、陳列変更、売れ筋商品の補充を実施します。売上高だけでなく、**来店客数**や**販売数量**、粗利益率など詳細な数値も重視します。

（3）管理プロセス

販売活動と**販売業績**を管理します。販売活動の管理では、計画達成のために計画した具体的方法（5W1H）の**実行結果**をチェックします。

販売業績の管理では、**POSシステム**を活用して、単品ごとの販売結果や在庫をチェックします。

■販売管理の作業体系

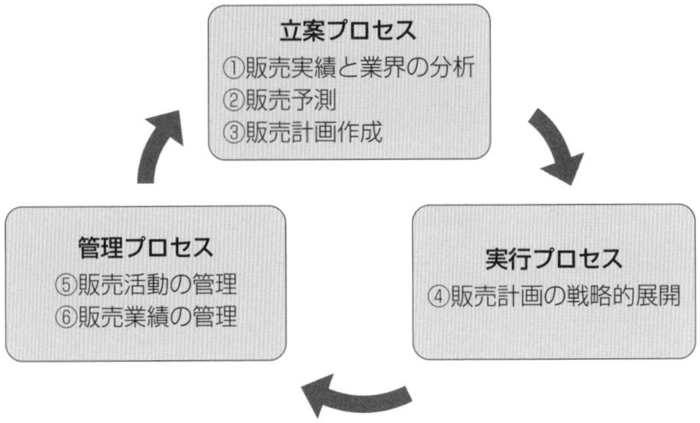

（4）カテゴリー別販売管理方法

売場のあるべき姿をライン（品群）、アイテム（品目）や部門の単位で構築しないで、顧客ニーズに合わせた商品カテゴリーごとに戦略的に築こうとする管理手法が、カテゴリーマネジメントです。その目的は、顧客側からみて、購買に最適な商品のくくり方（分類基準）で販売促進やコスト把握を行うことにより、カテゴリー（スペース）別の販売効率や利益率を最大化することです。一般的に、クラス単位でのカテゴリーの特徴や傾向の把握から出発し、計画（Plan）、実行（Do）、評価（Check）、改善（Action）という経営プロセスを繰り返します。

■カテゴリーマネジメントの取組み方の手順

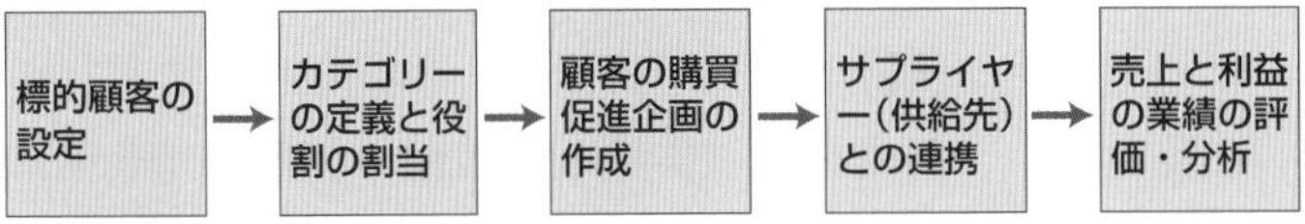

2 予算管理と利益計画

（1）予算管理

①予算の定義

諸々の企業活動を貨幣的に表示してまとめたものが、予算です。予算は、目標利益を達成するための具体的な実行計画として、経営管理活動と関連づける必要があります。

用語

カテゴリーマネジメント
商品をある基準で分類し、分類単位で販売管理を行うこと。商品のカテゴリーを戦略的ビジネス単位とし、小売業とメーカーなどが協働して顧客に価値を提供する統合型経営概念となりつつある。

補足

予算には日々の経営活動の経常予算と設備投資等の資本予算がある。経常予算には売上や経費の損益予算と現金の資金予算がある。

②予算管理の機能

予算管理とは、将来の一定期間（予算期間）における小売業の目標利益を達成するために必要な計画を貨幣額によって示した、総合的な利益管理のための技法です。**予算管理**には、計画、調整、統制の３つの機能があります。

（２）予算編成と予算統制

①予算編成の方式

予算編成には、**トップダウン**方式、**ボトムアップ**（**積上げ**）方式、**折衷**《せっちゅう》方式の３つがあります。最近の傾向としては、予算を通じてトップの意思を現場に伝えるという目的から、トップダウン方式に近い折衷方式が採用されることが多くなっています。

予算は実際の販売活動の指針となるため、経営戦略を十分に反映し、環境の変化に柔軟に対応できるものとして、経営予測･現状分析に基づいて編成することに留意します。

②予算統制と差異分析

予算統制とは、予定売上高と実際の売上高との差異および仕入や営業などの各部門を総合した予定経費額と実際の経費との差異を把握し、小売業のすべての活動をコントロールすることです。

差異分析とは、以下のように予算と実績の差異を価格と数量の要因に区分し、差異を把握する分析法です。

価格差異＝（実際価格－予算価格）×実際販売数量
数量差異＝予算価格×（実際販売数量－予算販売数量）

（３）利益計画

利益計画は、目標利益を達成するために必要な予定売上高を求め、予定売上高と目標利益の差額を限度枠として費用額を決定する総合的なプロセスです。

次期予算がより大型化することを懸念し、予算達成のための努力を抑える場合を予算の逆機能といいます。また、予算管理が必要以上に強化されすぎると、予算が賞罰の基準となり、長期的視点からの行動を排除し、組織の硬直化を招くことがあります。

展開

売上高が予算を下回る不利な結果（不利差異）の場合、差異の一般的な原因は、以下の通りである。

〈価格差異～価格下落〉
- 価格競争激化
- 品質低下
- 流通経路の選択ミス
- 不適切な割引政策

〈数量差異～数量減少〉
- 需要の低迷
- 衰退期の商品販売
- 不適切な販売促進費
- 販売員の能力不足

よくある質問

Q　予算編成における留意点として、どのようなものがあるでしょうか。

A　経営レベルの留意点は、経営の戦略や方針の十分な反映、環境変化への柔軟な対応、分析への科学的手法の活用です。経営レベル以外の留意点は、予算の裏づけがある権限・責任関係が組織で明確なこと、将来、現場での予算編成能力の水準が向上すること、従業員に動機づけを与え、現場の部門に支持されることです。

Let's Try　一問一答

○×問題に答え、正解したらチェックマーク☑を入れましょう		
□	①	カテゴリーマネジメントとは、商品をある基準で分類し、その分類を単位として販売促進や販売管理などを行うことである。
□	②	予算管理とは、将来の一定期間における小売業の目標利益を達成するために必要な実行計画を貨幣額で示す利益管理の方法である。
□	③	予算編成の「トップダウン方式」では、トップマネジメントの設定した利益目標に基づいて、各部門が自主的に予算を編成し、それを積み上げて確定予算とする。
□	④	予算統制とは、予定売上高と実際の売上高との差異および仕入や営業などの各部門全体を総合した予定経費額と実際の経費の差異を把握し、小売業のすべての活動をコントロールすることである。
□	⑤	予算差異分析とは、予算とその活動結果の差異を価格要因と数量要因に区分して、差異の大きさを分析する方法である。
□	⑥	利益計画は、目標利益を達成するために、予定売上高と費用額を決定する総合的なプロセスのことである。

【解答・解説】
①○　／②○　／③×　「各部門が～」以下は、ボトムアップ方式の説明である。管理部門などが現場の末端まで査定し、一方的に予算を社長名で強制する方法である。／④○　／⑤○　／⑥○

LESSON 4

損益分岐点売上高の計算方式

頻出度 ★★★

Check!

学習のPOINT

損益分岐点の計算法は、目標利益を達成するための必要売上高の計算に利用される。費用を変動費と固定費に分解することで必要売上高をシミュレーション計算できる。

1 損益分岐点分析

（1）損益分岐点分析

損益分岐点とは、**売上高**が**費用**と同額になり、**損益**がゼロになる売上高をいいます。費用には、売上高にかかわりなく支出される費用（固定費）と、売上高の増減に比例して支出される費用（変動費）があり､損益分岐点売上高は、固定費＋変動費となります。なお、売上高から変動費を差し引いた収益を限界利益といいます。限界利益から固定費を差し引いたものが損益（目標利益）です。

損益分岐点を計算式で表すと、以下の通りになります。

$$①損益分岐点売上高（P）=\frac{固定費（F）}{1-\dfrac{変動費（V）}{売上高（S）}}$$

$$②変動費率（\%）=\frac{変動費（V）}{売上高（S）}\times 100（\%）$$

$$③限界利益率（\%）=（1-変動費率）\times 100（\%）$$

$$=\left(1-\frac{変動費（V）}{売上高（S）}\right)\times 100（\%）$$

$$④損益分岐点比率（\%）=\frac{損益分岐点（P）}{売上高（S）}\times 100（\%）$$

補足

固定費の主なものは、人件費、減価償却費、不動産賃借料などである。変動費の主なものは、売上原価である。

用語

損益分岐点売上高
損益分岐点(売上高)と費用が等しい、あるいは限界利益と固定費が等しくなる売上高のこと。

変動費率
損益分岐点分析において、売上高の変化に応じて比例的に変化する変動費を、売上高で除した値。

2 目標利益分析

（1）目標利益の算定基準

損益分岐点の計算法は、目標利益達成のための分析に利用できます。

（2）損益分岐点による必要売上高の計算

目標利益を実現する必要売上高は次の式で計算します。

（目標利益＋固定費）÷ 限界利益率
＝（目標利益＋固定費）÷（1－変動費率）
＝（目標利益＋固定費）÷（1－変動費÷売上高）

展開

目標利益を実現するために必要な売上高を求める基本的な計算式で、目標利益をゼロとしたときの式が、損益分岐点（売上高）を求める式である。

よくある質問

Q 損益分岐点売上高は、額が大きい方がよいのでしょうか。

A 損益分岐点売上高、または単に損益分岐点は、小さい（低い）方がよくなります。理由は、売上と費用が等しく利益がゼロの点である損益分岐点売上高が大きいよりも小さい方が、利益を上げるために少ない売上高でよくなるからです。

要点マスター

損益分岐点のポイント

損益分岐点	（目標利益＋固定費）÷限界利益率 の式で目標利益がゼロのとき

Let's Try 一問一答

○×問題に答え、正解したらチェックマーク☑を入れましょう		
□	①	売上高１億５千万円、変動費１億５百万円、限界利益４千５百万円、固定費４千50万円、利益450万円のときの変動費率は60%である。
□	②	売上高１億５千万円、変動費１億５百万円、限界利益４千５百万円、固定費４千50万円、利益450万円のときの限界利益率は30%である。
□	③	売上高１億５千万円、変動費１億５百万円、限界利益４千５百万円、固定費４千50万円、利益450万円のときの損益分岐点売上高は１億３千５百万円である。
□	④	売上高から固定費を差し引いた収益を限界利益という。
□	⑤	固定費とは、売上高の発生に関係なく必要となる費用で、一般的には役員（店主）賞与や従業員の給料手当や減価償却費などがある。

【解答・解説】

①×　(10,500÷15,000)×100=70（%）／②○　{(15,000−10,500)÷15,000}×100=30（%）／③○　4,050÷(1−70%)=13,500／④×　固定費ではなく変動費である。／⑤○

LESSON 5

仕入計画の立案

Check!

学習のPOINT

頻出度 ★★

仕入計画では、主にどの商品を、どれくらいの量、いつ、いくらで仕入れるかを計画する。仕入形態には買取・委託・消化・当用・集中がある。

1 仕入計画の策定

（1）仕入計画の主な要素

仕入計画では、主に仕入をする商品、数量や方法、時期、価格を計画します。

■仕入計画の主な要素

仕入商品	・顕在的欲求だけでなく、潜在的ニーズも考慮する ・商品の種類を増やす→多様なニーズに対応できる。売れ残りが増える可能性がある ・売れ筋商品に種類を絞る→売れ残りが減る。多様なニーズに対応しきれない
仕入数量	・見込販売数量と在庫数量を考慮する ・見込販売数量は売上傾向や季節変動を考慮する
仕入時期	・売れ残りや売り逃しをなくすため、販売計画に合わせる ・季節商品は季節変動を考慮する ・流行品はライフサイクルを考慮する
仕入価格	・大量仕入すれば数量割引を受けられる ・価格帯や価格線、値頃点を考慮する ・運賃や荷役費、手数料、保険料なども考慮する

（2）計画前の調査

販売や仕入の計画立案に当たって調査を行い、必要な情報を集めます。

①主要顧客層の需要動向調査

通行量調査（トラフィックカウンツ）や流行性調査（ファッションカウンツ）、消費者調査（コンシューマパネル）などで主要顧客層の動向を把握します。

■需要動向調査の例

通行量調査	・入店者やショーウインドウを見る人、買物客、店頭通行者の属性や数を把握する ・販売数量を予測し、仕入数量に反映する
流行性調査	・来店客の服装や持ち物の水準を把握する ・仕入商品や仕入数量に反映する
消費者調査	・消費者と調査の契約をして、消費行動を計算・記録してもらう

②市況調査

一般的な売れ筋商品や死に筋商品、景気指標（2次情報）の変動、競争者の動向などを把握します。

用語

2次情報
行政の統計資料など、他の目的ですでに収集保管された情報。これに対し、目的に合わせて自分たちが直接収集した情報を1次情報という。

③新たな仕入先の調査

業界団体への紹介依頼や展示会・見本市への参加、インターネット検索などで、最新商品の動向や仕入先を把握します。

④価格調査

仕入価格は、安さだけでなく、価格の**安定性**や**品質**とのバランスを考慮します。

2 仕入形態の種類

小売業が仕入先から商品を仕入れた場合、仕入時に仕入れた分の代金支払も約束されるのが通常の仕入形態（買取仕入）です。しかし、商品普及などのため、小売業が仕入しやすくなる仕入形態もあります。

（1）買取仕入

仕入時に、仕入先に対する仕入れた分の代金支払が約束される通常の仕入形態です。

（2）委託仕入

仕入先が小売業に商品を預け（委託し）、消費者への販売を依頼します。販売実績に応じて、仕入先から小売業に手数料が支払われます。

（3）消化（売上）仕入

仕入先から小売業が商品を引き取って販売し、消費者に売れた分だけ、小売業が仕入先から仕入れて販売したとみなします。百貨店などでは、小売業の店舗で仕入先からの派遣店員が販売することがあります。

■買取仕入・委託仕入・消化（売上）仕入

仕入形態	商品の所有	商品の保管	販売業務	売れ残り損失
買取仕入	小売業	小売業	小売業の従業員	小売業
委託仕入	仕入先	小売業	小売業の従業員	仕入先
消化（売上）仕入	仕入先	仕入先	仕入先の派遣店員	仕入先

（4）当用仕入

少量の商品を必要に応じて頻繁に仕入れます。集中仕入より、仕入単価は高くなりますが、保管や在庫のコストは安くなります。

（5）集中仕入

組織小売業での本部は、各店舗の仕入を一括集中して大量に仕入れることで、加盟店を販売業務に集中させます。大量に仕入れることによる数量割引があります。当用仕入より、仕入単価は安いですが、保管や在庫のコストは高くなります。

よくある質問

Q　委託仕入や消化仕入で売れ残った商品はどうなりますか？

A　委託仕入や消化仕入の場合に、小売業で売れ残った商品は、商品の所有権を持つ仕入先に返品されます。

Let's Try 一問一答

○×問題に答え、正解したらチェックマーク☑を入れましょう		
□	①	仕入計画の主な要素には、仕入商品や仕入数量、仕入時期、仕入価格などがある。
□	②	通行量調査では、来店客の服装や持ち物の水準を把握する。
□	③	景気指標の情報は１次情報である。
□	④	仕入価格は、安さだけでなく、価格の安定性や品質とのバランスを考慮する。
□	⑤	買取仕入と委託仕入では、小売業が売れ残り損失を負担する。
□	⑥	消化仕入において、小売業で売れ残った商品は、仕入先に返品されずに、小売業が廃棄する。
□	⑦	当用仕入より集中仕入の方が、仕入単価が安くなる。

【解答・解説】

①○　／②×　来店客の服装や持ち物の水準を把握するのは流行性調査である。／③×　景気指標の情報は２次情報である。／④○　／⑤×　委託仕入では、仕入先が売れ残り損失を負担する。／⑥×　商品の所有権を持つ仕入先に返品される。／⑦○

LESSON 6

消費財の分類と再発注

学習のPOINT

頻出度 ★★

Check! ／ ／ ／

商品は消費者の購買行動から、最寄品・買回品・専門品の３つに分類される。それぞれの商品特性を考慮して、仕入計画の策定、再発注業務に取り組まなければならない。

1 消費財の分類

マーケティング学者のM. T. コープランドによる消費財の分類では、消費者がどのような買い方をするか（購買習慣）によって、商品が**最寄品**、**買回品**、**専門品**の３つに分けられます。

（1）最寄品

消費者が、比較的労力をかけずに**慣習的**に購入する商品です。食料品や日用品など、比較的単価が**安く**、身近な店舗で定期的・反復的に購入されることが多い商品です。消費者の購入頻度は**高く**、購買に多くの時間と労力をかけないという特徴があります。

（2）買回品

消費者が、商品を購入する際に品質、価格、デザイン、スタイルなどを基準として、十分に比較検討した後に購入する服飾品や高めの家具、家電製品などの商品です。買回品は最寄品と比べて、**平均単価**が相対的に高く、季節変動や**流行**などの影響を受けやすいため、仕入の計画性が求められます。定期的・反復的に購買されるものでなく、接客やコンサルティングが重視されます。

（3）専門品

消費者が、購入努力を惜しむことなく購買する特別高価な乗用車・宝石・ブランド品などの商品です。専門品は最寄品と比べて、１人当たりの買上単価や粗利益率は高い一方、商品回転率や消費者の購買頻度は低いという特徴があ

用語

ブランドロイヤルティ
商標（ブランド）に対する消費者の忠誠心、愛顧心。

ストアロイヤルティ
ある店舗に対する消費者の忠誠心、愛顧心。

ります。また、ブランドロイヤルティやストアロイヤルティが購買にとても強い影響を与えます。

■最寄品・買回品・専門品の一般特性

	最寄品	買回品	専門品
購買頻度	高い	中	低い
購買態度	慣習的購入	計画購入	計画購入
購買努力	特にしない	かなりする	大いにする
購入にかける時間	短い	中	長い
価格	安い	中	高い
利益率	低い	やや高い	高い
商品回転率	高い	やや低い	低い
ライフサイクル	短い	短い	長い
価格弾力性	低い	やや高い	高い
商品例	食料品・日用品	衣料品・パソコン	住宅・車

2 最寄品の仕入・再発注のポイント

展開

季節変動などの影響が少なく、安定的に売れる最寄品などを再発注する際に、その煩雑さを軽減するために採用される方法を、OTB（Open To Buy Control）方式という。

小売業は、最寄品の特性を考慮して、以下のような点を留意した上で仕入、再発注業務に取り組むことが重要です。

①低単価商品が多いので、仕入原価をなるべく低く抑えると同時に、計画的に販売量を確保・拡大していく。
②品切れを生じさせない安定的な仕入数量と仕入ルートを確保する。
③売れ筋商品に集中して商品回転率を高め、販売数量を増大することをもって収益性の確保を目指す。
④計画的に仕入を行い、保管や在庫にかかるコストを抑える。

3 買回品の仕入・再発注のポイント

最寄品と比較したときの、買回品の仕入や再発注業務に取り組む場合のポイントは次の通りです。

①ターゲット顧客の需要変化にきめ細かく応じるため、シーズン単位や月単位・週単位など短期間で商品計画を策定する。
②仕入予算の許す範囲内で、できるだけ幅広く品ぞろえ（品目構成）する。
③商品カテゴリーごとにプライスゾーンを決め、選んだ価格帯の中にプライスラインをいくつか設定する。
④スタイル、材質、柄、色調、サイズなどで小分けし、その内容をプライスラインに反映させる。
⑤取扱商品の一覧表を月単位で作成し、適宜取扱商品一覧表の中身を修正する。
⑥季節性、流行性の高い商品は、日々の販売動向をきめ細かく追跡する。売上が下がった商品は早めに在庫処分する。

プライスゾーン、プライスライン➡P.76

要点マスター

消費者の購買行動による商品の分類

最寄品	比較的安価で、使用頻度、消耗頻度、購買頻度が高い商品
買回品	比較的高価で、いくつかの店舗を回って比較・検討して購入する商品
専門品	価格がかなり高く、購買頻度がきわめて低く、購買決定するまでに多くの時間と手間をかけて購入する商品

Let's Try 一問一答

○×問題に答え、正解したらチェックマーク☑を入れましょう		
□	①	最寄品よりも専門品の方が、顧客の購買頻度は高い。
□	②	最寄品よりも専門品の方が、１品当たりの単価は高い。
□	③	買回品の一般特性として、商標で慣習的に購入する割合が高い。
□	④	買回品は、最寄品と比べて季節変動や流行の影響を受けやすい。
□	⑤	専門品は、住居や生活場所に近い小売店を優先して選んで購買する。
□	⑥	専門品は、ブランドロイヤルティやストアロイヤルティが購買に強い影響を与える。
□	⑦	OTB方式は、季節変動などの影響を受けやすい最寄品の再発注をする際、その煩雑さを軽減するために採用される方法である。
□	⑧	買回品は、年単位などの長い期間で商品計画を策定する。

【解答・解説】

①×　最寄品の方が購買頻度が高い。／②○　／③×　最寄品の説明である。／④○　／⑤×　最寄品の説明である。／⑥○　／⑦×　OTB方式は、季節変動などの影響が少なく、安定的に売れる最寄品などの再発注をする際、その煩雑さを軽減するために採用される方法である。／⑧×　シーズン単位や月単位・週単位など短期間で商品計画を策定する。

LESSON 7

プロダクトライフサイクルと再発注

頻出度 ★★

Check! ／ ／ ／

学習のPOINT

プロダクトライフサイクルは、導入期、成長期、成熟期、衰退期の４段階に分類される。商品がどのステージにあるのかを把握して、仕入計画や再発注を考える必要がある。

1 プロダクトライフサイクルとは

新商品が誕生し、やがて市場から姿を消していくまでの一生のことを**プロダクトライフサイクル**といいます。需要構造や競争構造の推移に従って、①**導入**期、②**成長**期、③**成熟**期、④**衰退**期の４つのライフステージに分類されます。ライフサイクルの時間的長さは、家電製品などの技術革新の激しい商品や流行品ほど短く、そうでない定番品などの商品は比較的長いといえます。

■プロダクトライフサイクルと売上

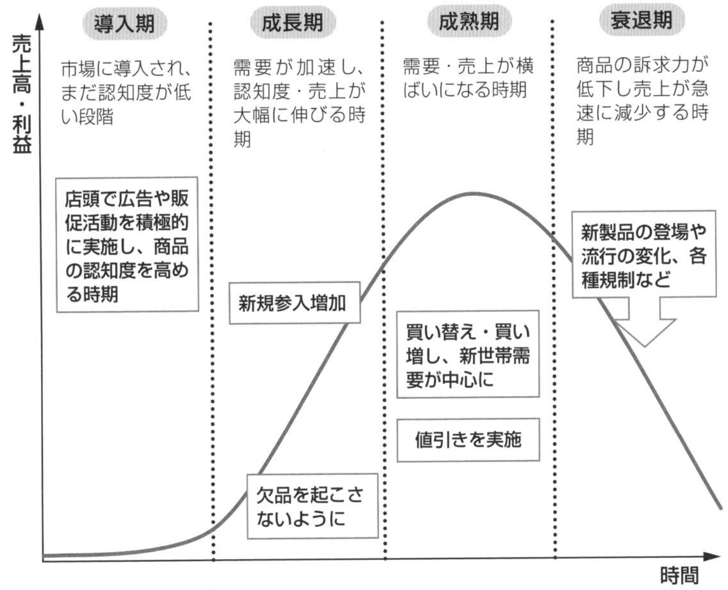

2 プロダクトライフサイクルの活用ポイント

補足

単品としての売れ筋商品動向を把握するねらいは、発注精度を高めて、品切れによる販売機会ロスを防ぐことにある。死に筋商品が発生する原因に、成熟期から衰退期にある商品の発注のほかに、仕入段階での商品選定ミスもある。

POSの単品販売データから売れ筋商品を把握することができますが、トレンド（**販売動向**）をつかむのは難しいものです。

流行品やファッション品などは、プロダクトライフサイクルのどのステージに位置しているのかを把握することが重要となります。そして、プロダクトライフサイクルを考慮し、在庫数量を調整することで売れ残りを回避します。

要点マスター

プロダクトライフサイクルの４つのステージ

導入期	市場での認知度が低いため、売上高は低い
成長期	需要が加速し、市場規模が急速に拡大
成熟期	需要が横ばいの状態となり、売上高が鈍化
衰退期	消費者訴求を失い始め、売上高は急速に減少

Let's Try　一問一答

○×問題に答え、正解したらチェックマーク☑を入れましょう		
□	①	プロダクトライフサイクルは導入期、成長期、衰退期の３つのステージに分類される。
□	②	一般に、流行商品よりも定番商品の方がライフサイクルは短い。
□	③	成長期には市場としての旨みを求めて新しい競争者の参入が増加する。
□	④	成長期商品については、ブランド名などを消費者に浸透させ、商品の認知度を高める。
□	⑤	成長期の商品は買い替え・買い増し需要などが中心になる。
□	⑥	成熟期の商品は、欠品を起こさないように発注する。
□	⑦	衰退期商品については見切るべき商品を把握し、在庫一掃にタイミングよく着手する。
□	⑧	再発注の数量を決める場合、売上実績のみで判断し、その商品のライフサイクルを考慮に入れる必要はない。

【解答・解説】
①×　導入期、成長期、成熟期、衰退期の４つのステージに分類される。／②×　流行商品の方がライフサイクルが短い。／③○　／④×　導入期商品の説明である。／⑤×　成熟期の商品は買い替え・買い増し需要などが中心になる。／⑥×　成長期の商品は、欠品を起こさないように発注する。／⑦○　／⑧×　商品のライフサイクルを考慮に入れ、再発注を行う。

LESSON 8

売価設定の方法

学習のPOINT

頻出度 ★★★

Check! ／ ／ ／

売価設定では、プライスゾーンで来店客層を絞込み、プライスラインの絞込みで買物しやすくする。値入額や値入率の決定ではリベートやアローワンス、価格弾力性の高低なども考慮する。

1 プライスゾーンとプライスラインの設定

プライスゾーンの設定は来店客層の絞込みに影響し、プライスラインの絞込みは買物のしやすさに直結します。

プライスゾーンを設定するねらいは、小売店全体の商品構成と価格系列がアンバランスにならないように調整することです。

プライスゾーンやプライスラインによる枠組み設定は、小売業の商品管理と顧客の商品選択に寄与します。

2 プライスライン（価格線）政策

プライスライン政策は、購買ニーズをプライスゾーンの中で分類（プライスライニング）できるという仮説に基づいています。顧客が商品選択をする前にデザインや品質などを調べたいと考える買回品に適し、品ぞろえを比較する必要の少ない嗜好品や医薬品、高級ブランド品などには適しません。

■プライスライン政策のメリット・デメリット

メリット	デメリット
・顧客の購買選択を容易にし、販売を促進する ・均衡在庫を維持し、仕入を単純化する ・値下を単純化する	・市場価格が大きく急激に変化するときに調整が難しい ・習慣的売価の傾向があり、売価の大きな変更が難しい

用語

プライスゾーン(price zone)
同一系列品目の価格の上限と下限の幅（範囲）。

プライスライン(price line)
プライスゾーン内に設けた複数の特定の価格。

プライスライニング
プライスゾーンを切り分けること。

展開

周辺の店舗よりも中価格帯の価格を高く設定すれば、その店舗は地域内の高級品店に位置づけられる。逆に、低く設定すれば、大衆店としてみなされる。

3 値入額

小売業は、適正な利益を確保する**値入額**（markup）と**値入率**を計算する必要があります。理由は、商品カテゴリー別または品目別の適正な売価を設定し、粗利益額を確保するためです。**値入額**と**値入率**の計算は、売価設定の目安となるだけでなく、予算管理や商品（在庫）管理と深く関係していますので、小売業の経営者は、マネジメントの一環として**値入額**を理解する必要があります。

値入額は、①販売にかかわるすべての経費、②予想される物理的損失、③営業利益を満たす水準に設定されなければなりません。

値入額でカバーされるべき営業経費や予想値下、さらには物理的・経済的な商品の減耗などは、常にコストダウンの経営努力を行い、**値入額**の計算を行う必要があります。

売価と原価の差額である**値入額**は、売価基準か原価基準のどちらかの**値入率**（百分率）で表します。

小売店の経営では、**値入率**の基準を統一して管理する必要がありますが、売価基準による**値入額**や**値入率**が望ましいといえます。理由は、売価基準の**値入率**（百分率）は、原価基準のそれよりも低く表示され、小売店の**値入率**の妥当性を消費者に納得してもらえる可能性があるからです。

4 値入額の考慮事項

（1）リベートとアローワンス

リベートは、一定期間の仕入高が多い小売業などに対して、仕入先企業が、**事後**的に割戻金などキャッシュバックをすることです。仕入先企業の販売促進や小売業の報奨を通じて長期的取引関係の構築を目的としています。小売業ごとに支払条件が異なることが多いです。

アローワンスは、小売業が行う販売促進や陳列において、特定仕入先企業の商品を有利に扱うことを条件に、**事前**に

用語

売価基準の値入率
売価値入率
＝値入額÷売価×100
売価
＝仕入原価＋値入額

原価基準の値入率
原価値入率
＝値入額÷仕入原価×100

補足

売価基準の値入率（売価値入率）を選択することにより、コストよりもプライスラインに則して小売店の経営を管理するようになる。プライスラインの管理だけに限らず、売価基準による商品計画や商品予算などとも連動し、顧客ニーズにより適合させることができる。

仕入先企業から小売業に支払う金額です。**事前**に支払条件が公開されていることが多いです。

（2）マージンとコミッション

マージンは、仕入先企業から仕入れた商品を転売する際に設定する自社の儲けです。**コミッション**は、自ら商品を仕入れずに、買手と売手を仲介する代理商などが得る販売手数料です。販売額の数パーセントなどと決められることが多いです。

（3）その他の商慣行

①返品

返品は、何らかの理由で小売業が仕入れた商品を製造元に返すことです。**委託**仕入の名目で小売業が売れ残りを返品するなどの商習慣が存在します。

②協賛金

小売業が、イベント費や売場改装費などの名目で仕入先に求める金銭的負担です。金額や理由が不明確な協賛金は**独占禁止法**適用の可能性があります。

（4）価格弾力性

価格弾力性（**需要・売上高**の変化率÷**価格**の変化率）は価格変化に対する需要・売上高の感度です。たとえば値下による価格の変化率より売上高の変化（増加率）が大きい（価格弾力性が高い）状態は値下効果が**高い**といえます。価格弾力性の高低は、商品の性質によって異なります。

補足

一般的に生活必需品は価格弾力性が低く、嗜好品は高いといわれるが、商品の性質によって異なる。

よくある質問

Q 販売にかかわるすべての経費とは何でしょうか。

A 店舗や販売関連部門で生じる荷受、検品、保管、補充などの諸経費や広告・チラシなどの販売促進費、販売に関する経費や管理費などになります。

Let's Try 一問一答

○×問題に答え、正解したらチェックマーク☑を入れましょう		
□	①	商品カテゴリーごとの品目に設定した、価格の上限と下限の幅をプライスゾーンという。
□	②	プライスライン政策は、商品カテゴリーごとの品目を、いくつかの顧客ニーズに適合する価格帯に整理・分類して価格を設定する方法である。
□	③	仕入原価に値入額を加えた金額が売価である。
□	④	リベートは事後的な割戻金である。
□	⑤	アローワンスは、予め支払条件が公開されていることが多い。
□	⑥	買手と売手を仲介する代理商が得る販売手数料をマージンという。
□	⑦	金額や理由が不明確な協賛金は独占禁止法適用の可能性がある。
□	⑧	価格弾力性は「価格の変化率÷需要・売上高の変化率」である。

【解答・解説】
①○　／②○　／③○　／④○　／⑤○　／⑥×　**買手と売手を仲介する代理商が得る販売手数料をコミッションという。**／⑦○　／⑧×　**価格弾力性は「需要・売上高の変化率÷価格の変化率」である。**

LESSON 9

棚割システムの活用方法

学習のPOINT

頻出度 ★

Check! ／ ／ ／

棚割とは、顧客が求める多種多様な単品を発見しやすく、比較・選択しやすいように、効率的にディスプレイする技術である。プラノグラムにより、陳列位置、フェイス数をコンピュータで管理する。

1 棚割とは

棚割とは、一定のゴンドラスペースなどにおいて顧客が買い求めやすいように、多種多様な単品を用途や機能面などから分類し、効果的な組み合わせを行うことによって、より多くの売上や利益を獲得するための小売マネジメント手法です。また、商品を配置する表を作成することであり、ディスプレイの前段階の作業でもあります。

補足

棚割とディスプレイの出来は、その店舗の売上や利益を大きく左右する影響力を持っている。また、メーカーにとっても、棚割の出来が自社製品の売れ行き（インストアシェアの拡大）につながるため、棚割への関心が高まっている。

2 棚割の手順

棚割表作成手順は、フロアのレイアウト決定に始まり、ディスプレイの実施で終わります。

■棚割表作成手順

①フロアレイアウトを決定する

↓

②ディスプレイパターンを決定する

↓

③戦略的陳列方法を決定する

↓

④プラノグラムによるスペースマネジメント

↓

⑤単品のフェイシング

↓

⑥ディスプレイを実施する

チェーン展開している小売業では、本部のバイヤーが棚割を企画決定するのが一般的です。

3 棚割の管理

（1）スケマティック・プラノグラムによる管理

スケマティック・プラノグラムは、コンピュータを活用した「購買需要予測型棚割システム」といわれています。定番ゴンドラに配置するすべての**単品**を対象として、それらのブランド力、機能・用途、価格、色、**容量**などの要素を最適に組み合わせて、そのカテゴリー（棚スペース）の**収益性**を最大化させるためのスペースマネジメント→単品のフェイシングの手順による**予測**モデルとして活用されています。

つまり、スケマティック・プラノグラムは、**単品**の配置表を意味する棚割よりも高度で緻密な陳列技術であり、カテゴリーにおける売上と利益の**予測**を前提とした購買需要対応型陳列システムといえます。

（2）フェイス数の調整

品目ごとの売れ行きに応じてフェイス数の伸縮調整が必要となります。これを「**フェイシング**」と呼んでいます。

フェイシングとは、定番ゴンドラへ配置すべき単品を対象に、何列（何段）並べるべきかというスペース構成を決めるものです。一般的に、売れ筋商品ほど目立つ位置にフェイス数を増やす傾向にあります。

■フェイシングの原則

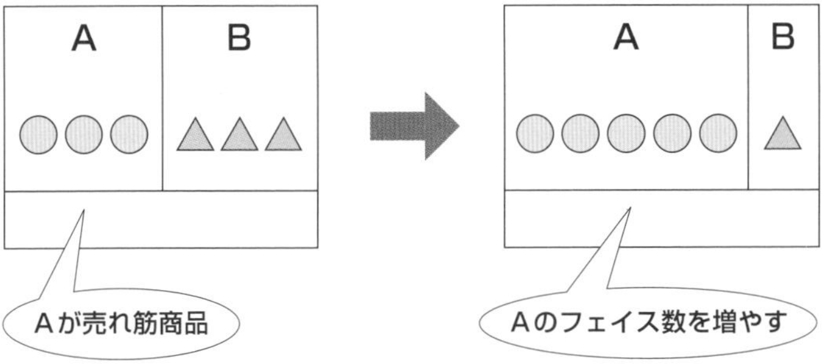

補足

コンピュータグラフィックスの発達により、プラノグラムの技術が向上している。プラノグラムの目的は、顧客が買いやすいように、商品の陳列位置、陳列数、フェイス数などを科学的に計画すること。

4 棚替の理由

棚替（棚割を替えること）は、売場の見え方が変わるため、売場を活性化する重要なポイントです。棚替をする主な理由には次のものがあります。

■棚替をする主な理由

①季節商品の導入
②ゴンドラエンドやコーナーにおける季節商品の提案（バレンタインやクリスマスなど）
③商品の入替（新商品導入、死に筋商品排除）
④新しいコンセプトによる棚割変更
⑤店舗のリニューアル

POSシステムの導入で、小売業が商品の絞込みを進める中、メーカーにとって棚替時期は、新商品を発売して売場のシェア拡大を図る機会となっています。

Let's Try 一問一答

○×問題に答え、正解したらチェックマーク☑を入れましょう		
□	①	棚割とは、一定のゴンドラスペースに顧客が買い求めやすいように商品を配置する表を作成することである。
□	②	棚割は、ディスプレイの前段階の作業である。
□	③	棚割表作成手順は、ディスプレイパターンの決定で始まる。
□	④	チェーン店の棚割は、一般に店長が企画決定する。
□	⑤	スケマティック・プラノグラムとは部門別の売上管理を行うソフトウェアのことである。
□	⑥	小売業が売場の棚替を行う理由の一つに、店舗のリニューアルがある。

【解答・解説】
①○　／②○　／③×　フロアレイアウトの決定で始まる。／④×　本部が作成する。／⑤×　自動棚割システムのことである。／⑥○

LESSON 10

商品管理

学習のPOINT

頻出度 ★★

Check! ／ ／ ／

商品管理の基本は、過剰在庫と品切れの防止、適正な在庫を維持することにある。商品在庫投資の適切な計画と統制のため、在庫管理の重要性が増してきている。

1 過剰在庫の問題点

多くの顧客が積極的に購入する**売れ筋商品**には、広いスペースを割き十分な在庫量を確保する必要があります。一方、流行が終わった商品はスペースを大幅に縮小して、ほとんど在庫がなくなっている状態が、経営上、理想といえます。しかし、多くの場合、逆に、売れない商品の**過剰在庫**という状況に陥っているのが現実です。

■過剰在庫を抱えた際の問題点

①在庫商品の仕入資金が膨らみ、在庫商品に関する金利（在庫金利）が多くなり、小売業の利益が減少する
②**死に筋商品**に多くの店頭スペースが占有され、売れ筋商品や新商品などのスペースが狭くなる
③商品が損傷したり、汚れたりするため、**商品ロス**が増加する結果、店舗全体の商品の鮮度が劣化するイメージが広がる
④単品の整理整頓が困難で、**売れ筋商品**や単品の残数を把握できなくなり、発注の精度が低下する
⑤**死に筋商品**の増加で値下処分に走り、粗利益が減少する

過剰在庫の対策として、合理的に在庫を減らすこと、品切れを起こさない的確な発注を行うことが大切です。

■過剰在庫への対策を講じる際の留意点

・毎月の商品部門別の在庫金利を明確に把握する
・顧客の目に新鮮な印象を与えるために、徹底した鮮度管理とクリンリネスなディスプレイを行う
・在庫を削減しすぎて、貴重な来店客を引き返させることになる品切れの状態を起こさないようにする

用語

過剰在庫
流行のピークを過ぎた商品や売れない商品を売場などに抱えている多すぎる在庫。

用語

商品ロス
帳簿在庫高から期末実地棚卸価格を引いたもの。

2 適正在庫の考え方

小売業は、売上が伸び悩んでも成長に必要な利益を確保できる強い経営体質を確立しなければなりません。店舗ごとに地域の特性や顧客層にふさわしい在庫を持ち、**死に筋商品**を削減するとともに**売れ筋商品**を増やす努力が必要です。成功の鍵となる的確な発注を行うため、たとえば、次のような考え方の中から１つを選択しなければなりません。

- より多く、より特殊なサイズまで取りそろえる
- **売れ筋商品**や**商品回転率**の高いサイズを中心にそろえて、回転率の低いサイズを削減する
- 商品の柄、生地や色のバラエティ性といったアイテム（品目）を少なくし、サイズの単品数をそれなりに残す

従来からのカテゴリー別単品ごとの売れ行き状況と死に筋商品の実態を把握し、商圏の変化の兆しを読みこなすことが上記の考え方の選択には重要となります。

よくある質問

Q 死に筋商品となるパターンにはどのようなものがありますか？

A 死に筋商品となるパターンには、仕入段階での選定ミス、初回仕入数量の過剰、１回当たりの発注数量の多さ、成熟期から衰退期にある商品の発注などがあります。

3 個店対応と在庫削減の因果関係

仕入（品ぞろえ）の個店対応は、**セントラルバイング**を基本として**バイングパワー**を追求してきたチェーンストアにおける今日の課題です。個店ごとの品ぞろえや仕入を認めると、商品部や店舗支援部などで混乱が生じるため、チェーン本部は個店での仕入対応に否定的でした。しかし、1つの品ぞろえパターンにこだわる経営手法は通用しなくなってきています。

新店舗をオープンする場合、新業態のつもりで初回の品ぞろえを地域の実情に照らし合わせて研究する必要があります。個店対応とは、各店舗の従業員の声を**セントラルバイング**する本部に反映する仕組みをつくることです。

用語

セントラルバイング
チェーン店の複数店舗の商品を本部が一括集中仕入する方式。

4 在庫の削減方法

一般的な在庫の削減方法として、次のようなことが挙げられます。

在庫の削減方法には、①**商品回転率**を同一に保つこと、②商品ごとの**最小**在庫量と**最大**在庫量を決定すること、③商品の絶対量を減らすこと、の３通りの方法があります。

商品回転率を同一に保てば、売れる商品の発注点が高く**最大**在庫量が多くなり、売れない商品の発注点を低く**最大**在庫量を少なくできます。また、商品の絶対量の削減は、削減目標が明確で確実に在庫が減るメリットがありますが、売れ筋商品の欠品、死に筋商品や性格のあいまいな在庫の残留などのデメリットもあります。

なお、初回品ぞろえ時のパターンは仮決定のものであり、適正在庫となるように修正を繰り返す必要があります。

商品投入後は、カテゴリーごとの単品の動向を把握するということですね。数ヶ月はデータ収集し、それをもとに陳列台帳を完成させると在庫の削減に役立ちますね。

よくある質問

Q 手持ち在庫を一律に半分にするなどして商品の絶対量を減らした場合、問題はないのでしょうか。

A 商品の絶対量を減らすことは、在庫の削減目標がわかりやすく、在庫金利も確実に減っていきます。しかし、反面、次のような問題が発生し、売上や顧客の反応などへのよい影響は期待できません。

・売れ筋商品が欠品しやすくなります。
・死に筋商品が残ってしまいます。
・性格のあいまいな在庫が残ります。

Let's Try 一問一答

○×問題に答え、正解したらチェックマーク☑を入れましょう

□	①	過剰在庫は、寿命が終わりかけた商品が店頭スペースを占有することである。
□	②	商品ロスは、帳簿の在庫高から期末実地棚卸価格を引いて求める。
□	③	適正在庫の考え方として、店舗ごとの地域の特性や顧客層に関係なく、一般的な売れ筋商品を中心にそろえる。
□	④	セントラルバイングは、各店舗の必要とする商品をチェーンストアの本部が分割して、ある程度の量にまとめて仕入れる。
□	⑤	商品回転率を同一に保てば、売れる商品の発注点が高く、最大在庫量が少なくなる。
□	⑥	初回品ぞろえのときのパターンは、1年くらい変更しない方がよい。

【解答・解説】
①○　／②○　／③×　店舗ごとの地域の特性や顧客層にふさわしい在庫を持ち、死に筋商品を削減するとともに売れ筋商品を増やす努力が必要である。／④×　一括して大量に仕入れる。／⑤×　最大在庫量は多くなる。／⑥×　あるパターンを仮決定したのであって、どれを採用しても、適正な在庫となるように、必ず修正を繰り返しながら運営していかなければならない。

LESSON 11

商品回転率と単品管理

Check!

／ ／ ／

学習のPOINT

頻出度 ★★

小売業におけるマーチャンダイジングの基本には、商品回転率の考え方・計算方法・評価がある。品ぞろえの基本となる品種と陳列量の決定には、販売予測と単品管理が欠かせない条件となる。

1 商品回転率とは

（1）商品回転率の算出方法

商品回転率とは、売上に対して平均在庫が何回使われたかを表す指標であり、在庫の維持、調整に活用されています。商品回転率の求め方には、商品の**売価**、**原価**、**数量**を用いる３つの方法があり、数量の場合は、商品の種類別、サイズ別、色別などの売れ行き速度の見極めに適しています。たとえば、ある商品が１年に４回転したということは、その商品は３ヶ月ごとに入れ替えられたことを意味します。

商品回転率は、一定期間の売上高を**平均在庫高**で割って算出するので、商品投下資本の回収状態を示すだけでなく、**売れ筋商品**や**死に筋商品**の存在を明確化し、適正な商品情報を得るための基礎的データとなります。

①売価ベース：商品回転率＝売上高÷平均在庫高（売価）
②原価ベース：商品回転率＝売上原価÷平均在庫高（原価）
③数量ベース：商品回転率＝売上数量÷平均在庫数量

平均在庫高の算出には、主に次の４つの計算式が使われます。

①（期首棚卸高＋期末棚卸高）÷２
②（期首棚卸高＋中間棚卸高＋期末棚卸高）÷３
③（【①の式】＋１月から11月までの月末棚卸高）÷12
④（【①の式】＋51週末の棚卸高）÷52

用語

商品回転率
商品在庫の売上に対する貢献度を表す指標であり、期間売上高を平均在庫高で除して求める。

用語

平均在庫高
商品回転率を求めるときに用いる一定期間の平均の在庫高。

一般的には①と②がよく使われますが、③や④も使います。

（2）商品回転率を高める方法

小売業の経営において、商品の高回転化は、利益拡大の機会をもたらします。商品回転率を高める方法は、次の2つです。

■商品回転率を高める方法と手段

①平均在庫高を減少させる

商品ラインの整理・縮小	商品ラインの種類を減らす。減らした商品の顧客に、ほかの種類やサイズを提案する
単一製品の在庫の縮小	同一品の在庫数量を減らす。多頻度少量仕入を心がけ、最高と最低の在庫高を設定し、売れ筋商品の欠品や品薄を食い止める

②売上高を増加させる

より効果的な販売活動	広告、ディスプレイ、イベント、接客などを強化
低価格での販売	粗利益率の低下に注意は必要

よくある質問

Q 商品を高回転させる方法として、2つの方法を挙げていますが、現実はもっと複雑なのではないでしょうか。

A 2つの方法を細分化すると、以下のようになります。

・売上高を一定に保ち、平均在庫高を減少させる
・売上高を増加させながら、平均在庫高を減少させる
・売上高の減少よりも速く、平均在庫高を減少させる
・平均在庫高を一定に保ちつつ、売上高を増加させる
・平均在庫高の増加よりも速く、売上高を増加させる

上記5つの場合の効果をまとめると、平均在庫高を減らす方法と売上高を増やす方法の2つに帰着します。

2 単品管理の必要性

（1）小売業の単品管理の現状

大手チェーンストアを中心にほとんどの小売業がコンピュータによる**単品管理**システムを構築しています。しかし、品目ごとの販売動向を的確に把握し、品ぞろえに反映させている小売業の数は、多くありません。理由は、豊富な品ぞろえと商品の高回転化が相矛盾する課題に思えるからです。

顧客には、商品を自由に選択できる楽しみを求め、楽しく買物をしたいというニーズがありますが、物理的に品ぞろえが豊富である必要はありません。顧客にとって豊富と思えるような適度な品ぞろえとディスプレイにより、商品選択のニーズを満たすことが重要です。実際には、売れ筋商品のフェイスを多くし、ディスプレイでボリュームを訴求することによって、需要の拡大に努め、商品回転率の上昇に努めます。

単品管理は、販売予測とともに品ぞろえの基本となる品種と陳列の決定に欠かせません。したがって、単品管理をベースとした合理的な商品管理は、顧客ニーズに応える品ぞろえを実現することになります。

（2）単品管理の目的と実施サイクル

単品管理の目的は、労働生産性と売場面積当たりの生産性を向上させ、最小分類単位の単品でも販売計画を実現することです。**単品管理**とは、商品をカテゴリーの中でさらに色、サイズ、容量などの最小単位（SKU）に分類して、販売数量の計画と実績を把握し店舗運営を行うことです。

単品管理は、**データ収集**、**仮説の設定**、**実践**、**検証**の4段階で取り組むことを基本としています。

展開

単品管理は、過少在庫と過剰在庫を防止する上で必要なマネジメント手法である。

補足

顧客ニーズに応えるため、販売面で配慮することは、カテゴリー別の商品構成、棚割、陳列量、フェイシング、POP広告の添付、適切なプライシング、一口トークなどである。

■単品管理の実施サイクル

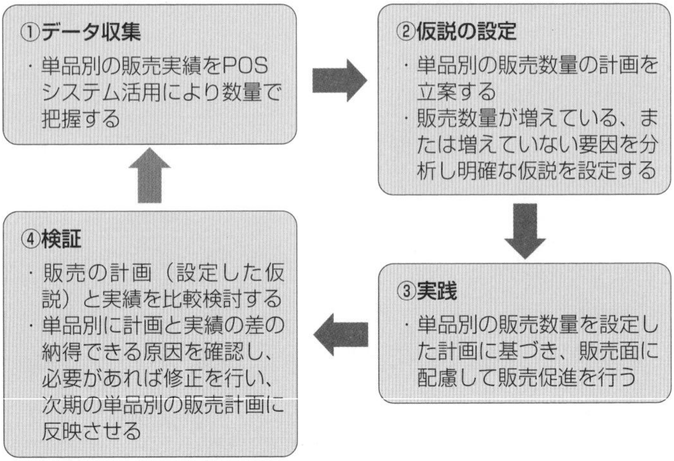

3 死に筋商品の取扱い

（1）死に筋商品を放置することの損失

死に筋商品とは、計画通りに売れない商品です。その放置は、在庫負担の継続を意味し、小売業にとって、大きな損失となります。小売業経営で重要なことは、死に筋商品の早期の見極めと速やかな店頭からの排除です。

（2）死に筋商品発見の役割と死に筋商品の処理方法

死に筋商品の発生原因を多くの面から実証的に分析し、応急措置ではなく抜本的な改善策を講じることができます。仕入時の判断ミスと売り方のミスに区別して対応します。

要点マスター

商品回転率	商品が店舗、または当該部門などに入り、それらが販売されて店舗から出て行く動きに伴う速度の指標
商品回転率を高める方法	①分子の売上高を増加させること ②分母の在庫高を減少させること
顧客ニーズに応えるには	単品管理をベースとした合理的な商品管理と販売予測

Let's Try 一問一答

○×問題に答え、正解したらチェックマーク☑を入れましょう

□	①	商品回転率とは、売上に対して平均在庫が何回使われたかを表す指標であり、在庫を維持、調整することに活用されている。
□	②	商品回転率は、商品を仕入れて、販売された平均単価によって測定される。
□	③	商品回転率の求め方は、商品の売価、原価、数量を用いる３つの方法がある。
□	④	単品管理とは、商品カテゴリー別にすべての商品を色、サイズ、容量など、最小の品目単位に分類し、その品目単位で販売数量の計画と実績を把握しながら価格設定や棚割などを行い、効率的に店舗を運営することである。
□	⑤	単品管理は、欠品や売れ筋商品を減少させる不可欠な手法である。
□	⑥	小売業販売員にとって豊富と思えるように適度な品ぞろえと効率的販売を促進させるディスプレイにより商品選択上で不満のない売場環境をつくることが大切である。
□	⑦	単品管理の仮説の設定段階では、販売数量が増えている／増えていない要因を分析し、明確な仮説を設定する。

【解答・解説】
①○　／②×　平均単価ではなく平均期間である。／③○　／④○　／⑤×　売れ筋商品ではなく死に筋商品である。／⑥×　小売業販売員にとって豊富と思えるような品ぞろえではなく、顧客にとって豊富と思えるような品ぞろえが大切である。／⑦○

LESSON 12

商品ロスの種類

学習のPOINT

頻出度 ★

帳簿在庫より棚卸在庫が少ない場合の差分を商品ロスといい、金額で把握することが多い。商品ロスの種類には値下ロスや商品廃棄ロス、棚卸ロスがある。

Check! ／ ／ ／

1 商品ロスの概要

用語

棚卸
商品在庫数をカウントし、一定時点の現実の商品在庫高（金額・数量）を明らかにすること。

商品ロスとは、計算上の帳簿在庫より棚卸上の実地在庫が少ない場合の差分のことをいいます。商品ロスは、通常金額で把握します。

■商品ロスのイメージ

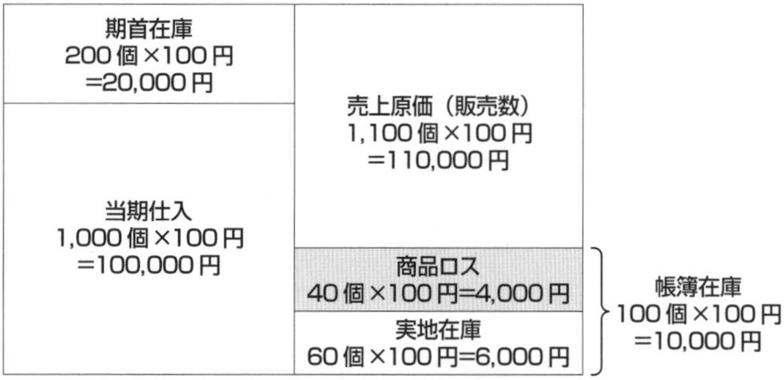

・仕入原価は1個 100円
・期首在庫数 200個、当期仕入数 1,000個
・販売数 1,100個、帳簿在庫数 100個、実地在庫数 60個

2 商品ロスの主な種類と原因

商品ロスの主な種類には、値下ロス、商品廃棄ロス、棚卸ロスがあります。

（1）値下ロス（値下高）

仕入時点でつけた売価を引き下げる値下をすることで、値入高に対する粗利益高を減らすロスです。原因には、需要予測の誤りや発注ミスによる売れ残り商品の値引販売があります。

（2）商品廃棄ロス

商品を廃棄処分することで、仕入原価の全額が損失になるロスです。原因には、生鮮食品の鮮度低下やダメージ、死に筋商品の発生による廃棄処分があります。

（3）棚卸ロス（品減り、棚卸損、棚卸減耗）

帳簿上の在庫数より実際の在庫数が少ないことで、値入高に対する粗利益高を減らすロスです。原因には、万引や盗難などの外的要因と従業員の不注意や不正、ミスなどの内的要因があります。

■商品ロスと値入高、粗利益高の関連

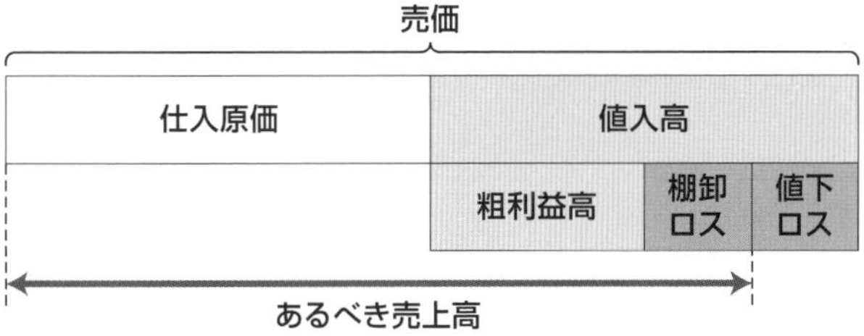

要点マスター

商品ロスの主な種類と原因

- 商品ロスの原因
  - 値下ロス
    - 需要予測の誤り
    - 発注ミスによる商品の売れ残り
  - 商品廃棄ロス
    - 鮮度低下やダメージ
    - 死に筋商品の発生
  - 棚卸ロス（品減り、棚卸損）
    - 万引
    - 盗難
    - 従業員の不注意
    - 従業員の不正行為
    - 棚卸ミス
    - レジの打ち間違い
    - 不注意な検品

Let's Try 一問一答

○×問題に答え、正解したらチェックマーク☑を入れましょう		
□	①	商品ロスは、帳簿在庫より実地在庫が少ない場合の差分である。
□	②	商品ロスは、通常数量で把握する。
□	③	万引が原因の商品ロスは値下ロスである。
□	④	商品廃棄ロスは、仕入原価の全額が損失になる。

【解答・解説】
①○　／②×　通常は金額で把握する。／③×　万引が原因の商品ロスは棚卸ロスである。／④○

LESSON 13

POSシステムの活用

学習のPOINT

頻出度 ★★

Check! ／ ／ ／

POSシステムの活用は、レジ機能としての活用レベル、売れ筋や死に筋の商品管理への活用レベル、応用レベル、の3段階に大別でき、戦略的に活用していくことが求められている。

1 戦略的POSシステムの活用方法

(1) POSデータ分析による商品管理

POSシステムの活用は、次の３段階に大別できます。

第１段階 レジ機能としての活用レベル	日々の単品別売上数量および単品別売上金額の把握
第２段階 商品管理機能としての活用レベル	死に筋商品の速やかな排除と売れ筋商品の販売増加体制の確立
第３段階 応用レベル	商品カテゴリー別の曜日・時間帯別の販売データや価格帯別販売データの把握

POSシステムは、POSレジを利用し、売れた商品のデータを商品管理から仕入政策へ広く活用するトータルの仕組みです。パソコンPOSなどのシステム化が進み、商品管理へのデータ活用だけでなく、販売促進への活用をねらいとする顧客情報の収集に役立てる傾向もあります。

たとえば、POSデータの顧客一人ひとりの情報を、特定の目的を持って分類・加工することによって、より効果的なインストアプロモーションにつなげることができます。また、POSシステムを高次化することで情報を蓄積し、顧客ニーズの細やかな把握が可能になります。

(2) 重点管理とABC分析

重点管理は、人材、費用、施設などの戦力を投入すれば効果が上がる商品カテゴリーを探し出し、集中的販売戦略を展開することです。重点管理分野を発見する技法の一つ

用語

ABC分析（パレート分析）
少数の事象が結果の90%を左右することを分析し、その少数の事象を重点管理の対象とすれば、効率的な管理ができる。

に、ABC分析（パレート分析）があります。

カテゴリー別の商品を売上金額の多い順に並び替え、たとえば累計比の75％程度を占める売れ筋商品をA、75〜95％程度を占める商品をB、その他をCに区分し、A（またはAとB）の商品を重点管理商品とするものです。

よくある質問

Q POSシステムを運用する際の留意点は何でしょうか。

A POSシステムの運用には、商品マスターファイルの適切な管理だけでなく、システムを導入する前と後の変化を明確にした上で、次の４点に留意します。

①経営者層の主体的な参加　②全社的な取組み

③業務分担の明確化　④仕入先企業への協力依頼

2 POSシステムのメリット

POSシステムのメリットには、ハード面とソフト面があります。ハード面は、レジ担当者の**精算業務**を、早く正確に行うことによるものです。ソフト面は、正確な売上情報や顧客情報の分析に基づく**経営判断**をすることによるものです。

（1）ハード面

①顧客サービスの向上

精算時間やレジ待ち時間が短縮されます。

②レジ作業の合理化

早く正確にレジ業務が行えるようになります。

③値付作業の省力化

商品一つひとつに値段シールを貼らなくてもよくなります。

（2）ソフト面

①死に筋商品の把握

売れていない商品を把握し､売れない**原因**を分析します。

②欠品と過剰在庫防止

在庫量を計算し、発注忘れや発注ミスを防ぎます。

③販売動向の評価

販売促進前後での売上の違いを把握できます。

④品ぞろえの向上

新商品の販売状況や顧客平均買上点数を把握し、品ぞろえの決定の判断ができます。

⑤レジの稼働状況の把握

レジ業務のスピードやレジ効率を把握できます。

■POSシステムのメリット

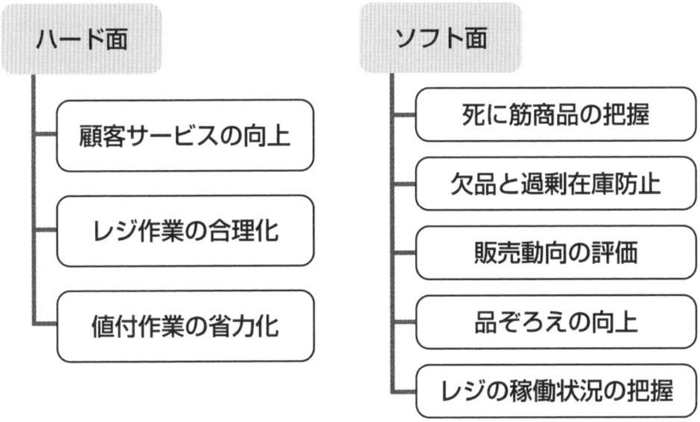

3 バーコードの種類

（1）単品識別用バーコード

JANは単品識別のために、POSシステムでスキャンされるバーコードです。バー部分がJANシンボル、数字部分がJANコードです。

（2）集合包装用バーコード

商品の入った段ボールなどのケースに貼られる集合包装用バーコードのバー部分をITFシンボルといいます。コード部分は集合包装用商品コード（GTIN-14）といいます。GTIN-14は、ケース・段ボールなどの荷姿を表すインジケータと、商品アイテムを表すJANコードとチェックデジットとで構成されます。

要点マスター

POSシステムとバーコード

活用の３段階	①レジ機能としての活用レベル ②売れ筋や死に筋の商品管理機能としての活用レベル ③応用レベル
単品識別用バーコード	JANシンボル JANコード
集合包装用バーコード	ITFシンボル GTIN-14コード

Let's Try 一問一答

○×問題に答え、正解したらチェックマーク☑を入れましょう		
□	①	POSシステム活用の第２段階は、応用レベルである。
□	②	POSシステム活用の第３段階は、商品管理機能としての活用レベルである。
□	③	ABC分析は、ある商品の総売上高に占める割合に基づき、在庫の品目を分類するときなどに使われる手法のことである。
□	④	POSシステムのハード面のメリットとして、レジ担当の精算業務を早く正確に行うということがある。
□	⑤	POSシステムのソフト面のメリットとして、値付作業の省力化がある。

【解答・解説】

①×　第２段階は、商品管理機能としての活用レベルである。／②×　第３段階は、応用レベルである。／③○　／④○　／⑤×　ソフト面ではなく、ハード面のメリットである。

LESSON 14

小売業の物流の現状と課題

Check! ／ ／ ／

学習のPOINT

頻出度 ★

物流は、顧客に安全で安心な商品を供給するために不可欠なものである。業態別、業界別に物流の問題点があり、その課題も多様であるが、共同配送はコスト削減と経営基盤を強化する。

1 物流システムへの取組み視点と分化方向

(1) 物流システムへの取組み視点

物流システムへの取組み視点は、①顧客志向、②売場基準のディマンドチェーン・マネジメント（DCM）、③新総合物流戦略、④物流システム重視の組織、⑤環境対応です。顧客の価値観やライフスタイルの変化、情報技術の進展などの外部環境の変化が物流の変革を加速させています。

用語

DCM（ディマンドチェーン・マネジメント）
メーカー主導ではなく、小売業主導で一括統合納品（混載）や共同配送システムを進めたもの。

顧客志向	大手メーカー主導の物流から、より顧客のニーズに対応した小売業主導の物流展開を課題とする
売場基準のディマンドチェーン・マネジメント（DCM）	小売業の売場は顧客の生活に合わせた品種構成（ライフスタイル型）に変わりつつあるため、一括統合納品（混載）や共同配送システムなどを目標としたDCMを小売業が主体となり展開する必要がある
新総合物流戦略	顧客に安全で安心な商品を供給するため、生産者から店頭の販売までをトータルマネジメントし、どのように低コストの商品流通を図るかの“新総合物流体制”の構築が必要
物流システム重視の組織	物流戦略の役割は、部分最適化の回避と全体の最適化のため、部門の垣根を越えた、情報、物流、商取引の業務プロセスの抜本的な変革
環境対応	環境マネジメントの導入と取組み課題と目標達成年度を定めた数値を明確にし、企業の社会的責任を果たすことが強く求められる

(2) 店舗形態別物流システムの分化傾向

小売業の物流は、品ぞろえの幅（店舗規模）と商品特性の業態の視点から、次の４つの領域に分類できます。

クロスドック型トランスファーセンター物流は、物流センターの入荷から出荷までの無駄をできるだけ排除し、作業時間を最小にする方法です。

①百貨店（大規模総合品ぞろえ、買回品）
納品時期集中型小口物流
②総合品ぞろえスーパー（大規模総合品ぞろえ、最寄品中心）
クロスドック型トランスファーセンター物流
③コンビニエンスストア（小規模限定品ぞろえ、最寄品中心）
１日複数回時間帯を指定する混載型納品→ジャストインタイム物流
④専門店チェーン（限定品ぞろえ、買回品中心）
時期の定めがない納品、または少品種多量高頻度納品

2 小売業態別の物流の現状と課題

（1）百貨店業界の物流

①百貨店業界の現状

百貨店は、ブランド戦略による店舗の個性化、顧客情報の活用や、グループ経営の強化による事業分野ごとの集約・再編にも積極的に取り組んでいます。卸売業やメーカーに依存する従来の返品前提の委託仕入方式から、商品の計画的仕入、自らの売場で販売という**自主マーチャンダイジング**の強化にも力を注いでいます。

在庫状況を的確に把握した迅速な補充を実現できる物流管理体制の整備が求められているため、同業他社との共同化の推進や**クイックリスポンス（QR）**への取組みにより物流コストや商品在庫の削減を進める必要があります。

用語

QR
(Quick Response)
消費者の需要に対応すべく、製造から販売までのすべての無駄を取り除き、リードタイムの短縮や在庫の圧縮によって削減されたコストを、低価格という形で消費者に還元する仕組み。

②百貨店業界の物流合理化と共同配送

納品時期集中の配送ギフトに伴う物流が多い百貨店業界は、顧客への宅配（共同配送：販売物流）と売場への商品供給（納品代行：調達物流）の２つを統合した物流システムを構築しています。

③百貨店業界の物流の課題

現在、百貨店業界では物流の合理化が大きな課題となっています。自社の配送体制を廃止し専門業者に配送を委託する共同配送や、調達物流の改革では、百貨店統一ハンガーの普及推進と回収などの運用管理の改善活動のほか、折り

たたみコンテナ（オリコン）を導入促進する動きもみられます。しかし、クイックリスポンス（QR）の本格的稼働による、商慣行も含めた業界構造の抜本的改革が優先課題です。

（2）総合品ぞろえスーパー業界の物流

総合品ぞろえスーパーでは、EDLPを実現するため、物流でもEDLC（エブリディ・ローコスト）が求められており、クロスドック型トランスファーセンター物流を推進しています。

商品調達は、各サプライヤーからの店舗別納品を一括する統合型物流（一括統合型納品）システムに集約されつつあります。各サプライヤーの納品を一括して行い、各店舗での検品荷受作業を軽減するという考え方が背景にあります。

総合品ぞろえスーパー業界に代表されるチェーンストアは、次の３方法で物流センターを運営しています。

①TC（トランスファーセンター）：通過型物流センター
②DC（ディストリビューションセンター）：在庫型物流センター
③PC（プロセスセンター）：加工処理センター

物流センターの機能は、CRP（商品自動補充システム）を導入した上で、在庫機能と仕分け機能に大別され、さらに、通過型（TC）機能、在庫型（DC）機能、単品総量（センター小分け型）機能、PS（プランニングストック）機能、EDI（Electronic Data Interchange）機能などに分かれます。

（3）コンビニエンスストア業界の物流

コンビニエンスストア業界は、メーカーの生産システムと卸売業の物流システムをマーチャンダイジングと連動させ、一貫型の物流システムを構築しています。

コンビニエンスストア業界の物流システムでは、本部が商品と納入業者を選別し、各店舗からの補充発注を受けたサプライヤーへの発注を行い、各店舗に納品します。この

用語

統合型物流（一括統合型納品）システム
主としてチェーンストアの店舗から発注を受け、卸売業者などが複数のメーカーの商品を取りまとめて、チェーンストアの物流センターなどに一括納品する仕組みのこと。

用語

TC（トランスファーセンター）
原則として、在庫を保有せず、複数のサプライヤーの商品を受け入れ、納入先の小売店ごとに仕分けし、一括配送する物流拠点。

DC（ディストリビューションセンター）
多種類の定番商品を主体に、常に一定量の在庫を保有し、多様な小売業からの発注要請に柔軟に対応する物流拠点。

PC（プロセスセンター）
主に、スーパーマーケットの生鮮食品を対象として、集荷した食材を加工、調理してプリパッケージ化した後、各店舗に配送する物流拠点。

方式をフランチャイズチェーン（FC）方式といい、多品種少量品の高頻度発注に対応するため、必要なときに、必要な商品を、必要な量だけ配送するジャストインタイム（JIT：Just In Time）物流を導入し、多頻度小口配送を行っています。

さらに納品商品のグループ（管理温度別など）ごとに複数供給先が共同出資した配送センター（共同配送する**第三者物流**）を設置し、店舗への納入商品を持ち込み、店別仕分けし、一括して店舗納品する共同配送をとることもあります。

用語

第三者物流（3rd Party Logistics）
物流業務だけを扱う、商品売買の当事者以外の物流専門業者。3PLと略される。

（4）専門店業界の物流

専門店（業種店）は、買回品中心に特定品種を限定的・専門的に品ぞろえし、すべての顧客を対象としていますが、その多くは経営手法や物流システムを構築していません。店舗規模や売上金額が脆弱《ぜいじゃく》であるため、効率的に販売する物流システムを確立できず、物流を問屋（卸売業）に依存し、少数の地域問屋から小規模な店舗への納品が中心です。

要点マスター

店舗形態別物流システムの特徴

百貨店	納品時期集中型小口物流
総合品ぞろえスーパー	クロスドック型トランスファーセンター物流
コンビニエンスストア	1日複数回時間帯指定の混載型納品 →ジャストインタイム物流
専門店（チェーン）	限定品ぞろえ＋買回品中心 時期の定めがない納品、または少品種多量高頻度納品

Let's Try 一問一答

○×問題に答え、正解したらチェックマーク☑を入れましょう		
□	①	百貨店の物流システムには、納品時期集中型小口物流という特徴がある。
□	②	総合品ぞろえスーパー業界の商品調達は、各サプライヤーからの店舗別納品を一括する統合型物流システムに集約されつつある。
□	③	TCとは、多種類の定番商品を主体に、常に一定量の在庫を保有し、多様な小売業からの発注要請に柔軟に対応する物流拠点である。
□	④	PCとは、主に、スーパーマーケットの生鮮食品を対象として、集荷した食材を加工、調理してプリパッケージ化した後、各店舗に配送する物流拠点である。
□	⑤	DCとは、原則として、在庫を保有せず、複数のサプライヤーの商品を受け入れ、納入先の小売店ごとに仕分けして、一括配送する物流拠点である。
□	⑥	第三者物流とは、小売業に対して物流システムの改善を提案し、包括的に倉庫内作業や配送などの物流業務を受託する企業である。
□	⑦	TCは、在庫の削減や発注リードタイムの短縮などの要請に対応した物流センターの一形態であり、仕分けセンターとも呼ばれている。
□	⑧	コンビニエンスストア業界では、少品種商品の高頻度大量対応の調達物流と時間帯指定の計画配送を特徴とするジャストインタイム物流を導入している。

【解答・解説】
①○　／②○　／③×　TCではなくDCである。／④○　／⑤×　DCではなくTCである。／
⑥○　／⑦○　／⑧×　多品種商品の高頻度少量対応が正しい。

LESSON 15

ディマンドチェーンと情報化

学習のPOINT

頻出度 ★

Check! ／ ／ ／

消費者から生産者への需要連鎖をディマンドチェーンといい、近年、ITを駆使して効率的に結ぶ動きが活発化している。ディマンドチェーンに必要な流通情報やEDIの進展について理解しよう。

1 ディマンドチェーン・マネジメント（DCM）

（1）サプライチェーンとディマンドチェーン

原材料から生産して流通するまでの過程を経て、消費者の手元に届くまでの供給連鎖を、**サプライチェーン**といいます。一方、消費者を起点として小売業主導で流通合理化を図る需要連鎖を**ディマンドチェーン**といいます。

企業間でデータを交換したり、情報を共有するツールとしてITを活用することにより、サプライチェーンとディマンドチェーンを効率化するディマンドチェーン・マネジメントを進めています。

■サプライチェーンとディマンドチェーン

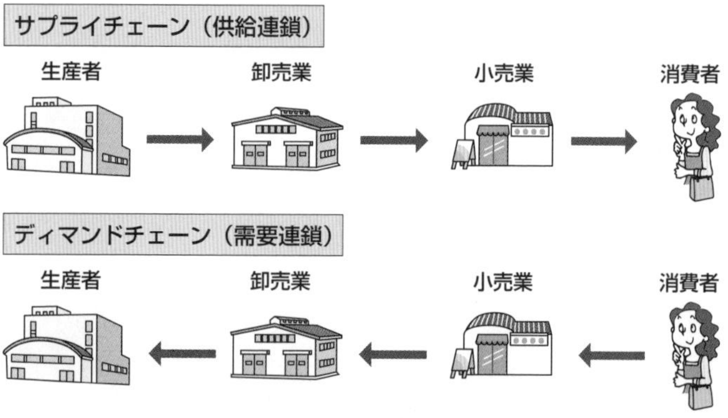

（2）サプライチェーンに必要な流通情報

企業間で多種多様な流通情報を交換・共有し、ディマンドチェーンやサプライチェーンを効率化するためには、次の４つの流通情報が必要となります。

①取引情報

取引情報には、企業間の**受発注**に関する情報、**代金決済**に関する情報などがあります。

特に、受発注情報はディマンドチェーン、あるいはサプライチェーン全体として**欠品**の防止や安全在庫の削減など、適正在庫の維持管理活動に役立ちます。たとえば、小売業から卸売業へのEOSによる受発注情報を、メーカーもリアルタイムで共有することで、卸売段階の実需に合わせた生産計画や在庫計画の立案、メーカーから卸売業に対しての在庫補充が可能となります。

EOS➡P.118

②物流情報

物流情報には、**輸送配送指示**情報、**入出庫**情報、在庫情報などがあります。企業間で取引が発生するごとに、メーカーから卸売業、卸売業から小売業へと商品が移動し、物流情報が発生します。

こうした物流情報をディマンドチェーン、またはサプライチェーン全体でリアルタイムに共有できれば、貯蓄された商品だけでなく移動中の商品も含めて、流通経路全体の在庫量を正確に把握することができます。

③市場情報

市場情報には、消費者の需要動向である「**需要情報**」と、同一市場で競争する店舗や商品などに関する企業間の「**競争情報**」があります。中でも、消費者がいつ、何をいくつ購入したか、といった小売店頭で収集されるPOSデータは、**最終消費者**のニーズを反映した需要情報になります。

この需要情報をディマンドチェーン、またはサプライチェーン全体でリアルタイムに共有できれば、実需に合った精度の高い生産・在庫・補充計画の立案につながります。

④販売促進情報

販売促進情報には、メーカーの**広告**や小売業の**店頭プロモーション**に関する情報があります。メーカー、卸売業、小売業の各段階における販売促進活動の有無や規模によって、最終消費需要は大きく左右されますが、特に影響が大きいのは小売業による**販売促進**活動です。チラシ広告や店頭での人的販売、売場のPOPなどによる情報伝達が、消費者の購買に最も影響を及ぼします。

EOSデータやPOSデータだけに頼るのではなく、小売業の**販売促進**情報をメーカーや卸売業が事前に把握することで､将来の需要予測を立てることが重要です。これにより、メーカーや卸売業は実需に合った生産計画や在庫統制を行うことが可能となります。

2 流通情報化

（1）EDI（電子データ交換：Electronic Data Interchange)

EDIとは、異なる企業間で**商取引データ**を交換する仕組みです。**標準規約**を用いて通信回線を介し、コンピュータを通じてデータ交換をします。

EDIはメーカーや卸売業、小売業など、ディマンドチェーンやサプライチェーンを構成する各企業において、コンピュータ間でデータを交換するためのインフラとなります。

また、EDIの活用範囲を拡大することで、小売業とサプライヤー間の基幹流通情報が統合され、異なる企業間を広範にリンクしたネットワークで情報共有を図ることが可能となります。

補足

多数の異なる企業間でも、商談・取引を成立させるために必要な情報をコンピュータと通信を使って自由に交換ができるよう、標準化を図ることを標準規約という。

■EDIの仕組み（イメージ）

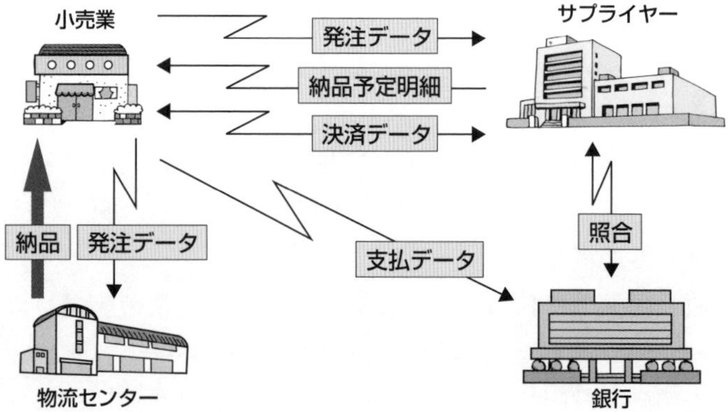

（2）DCMへの進展

近年、EDIは**メーカー**、**卸売業**、**小売業**が一体となって商品や情報を共有するDCM（ディマンドチェーン・マネジメント）へと発展しています。

取引情報や物流情報だけでなく、POSデータなどの小売店頭で収集される市場情報や販売促進情報に至るまで、メーカー、卸売業、小売業の間で共有されるようになっています。

DCMは、メーカーや卸売業、小売業が垂直的に協業して、ディマンドチェーン全体の流通在庫を削減し、効率的な商品補充や消費者ニーズに合致した効果的な品ぞろえ、適正在庫の維持管理を目指すものです。

Let's Try 一問一答

○×問題に答え、正解したらチェックマーク☑を入れましょう		
□	①	原材料から生産段階や流通過程を経て、最終消費者の手元に届くまでの供給連鎖を、ディマンドチェーンという。
□	②	消費者を起点として小売業主導で流通合理化を図る需要連鎖を、サプライチェーンという。
□	③	ディマンドチェーンやサプライチェーンを効率化するためには、取引情報や市場情報などを企業間で交換・共有する必要がある。
□	④	EDIとは、異なる企業間で商取引データを交換する仕組みである。
□	⑤	DCMは、EDIベースによる取引により、物流や事務処理の効率化を最大の目的としている。

【解答・解説】
①×　設問はサプライチェーンの説明である。／②×　設問はディマンドチェーンの説明である。サプライチェーンとディマンドチェーンの違いを理解しておこう。／③○　／④○　／⑤×　DCMは、単に物流や事務処理の効率化を図るだけでなく、チェーン全体の流通在庫の削減、効率的な商品補充、効果的な品ぞろえ、欠品防止などを目指している。

LESSON 16

マーチャンダイジングのIT活用

学習のPOINT

頻出度 ★★

Check! ／ ／ ／

POSシステムやEDIの発展により、マーチャンダイジングは進化している。消費者のニーズに迅速に対応するため、企業はSCMやECRに取り組んでいる。

1 POSシステム

POSシステムの導入により、小売業は店頭レジ業務の**合理化**というハードメリットに加えて、商品の**単品管理**というソフトメリットを享受できるようになりました。

2 EDI

補足

企業間データ交換にインターネットを活用したものを「インターネットEDI」「Web-EDI」と呼んでいる。

EDI（Electronic Data Interchange）とは、標準的な規約（企業間で統一された規約）を用いた通信回線を介して、商取引のデータをコンピュータ間でやりとりすることです。異なる企業間での商取引において、データ交換に伴う発注、納品、請求などにかかわる伝票や帳票類をペーパーレス、キーインレス化できるメリットがあります。

■EDIによる一本化

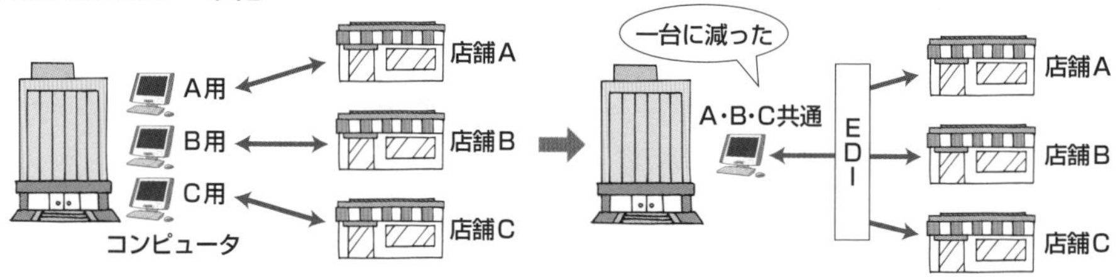

3 パートナーシップ

（1）需要予測・自動補充システム

サプライヤーが、小売業の在庫情報や売上情報を管理して、小売業の在庫を自動的に補充するシステムが需要予測・自動補充システムです。

需要予測・自動補充システムのうち、あらかじめ定めた在庫量に対する実需ベースの不足分を、サプライヤーだけの判断で自動補充するものを**VMI**といい、サプライヤーと小売業が共同で将来も含めた需要予測した不足分を、自動補充するものを**JMI**といいます。VMIの代表的な方式に**CRP**があります。JMIの代表的な方式に**CPFR**があります。

■CRPとCPFR

	補充量	補充量決定	自動補充
CRP （VMIの一つ）	在庫レベル不足分 （実需ベース）	サプライヤー	サプライヤー
CPFR （JMIの一つ）	需要予測 （実需＋将来ベース）	小売業 ＋サプライヤー	サプライヤー

需要予測・自動補充システムでは、JANコードやSCMラベル、ASNなどを使って、**生産と流通期間の短縮**、在庫の削減、返品ロスの減少などを実現します。

①JANコード

JANコードには、**13桁**の標準タイプと８桁の短縮タイプがあります。最初の２桁が国コードで、日本は**49**または**45**となっています。

■JANコード

バーコード

4912345678901 — 標準タイプ13桁（短縮タイプ8桁）

国コード（日本は49、45）

②SCMラベル

SCMラベルのSCMとは、Shipping Carton Markingの略称であり、商品を出荷する際に運搬用に梱包した荷物に貼る商品内容を示したラベルです。これにより、出荷手続きの簡素化、経費の削減が図れるとともに、単品レベルでの物流情報交換を迅速に行えます。

実需とは、実際に消費する商品の需要のことです。それに対して、将来の需要を見込むことを、仮需といいます。

用語

VMI

小売業とサプライヤーが小売業の販売・在庫データを共有し、サプライヤーが小売業の需要予測と小売業の在庫の自動補充をする。

③ASN

商品発送側から送り先に対して、商品着荷の前に電子データで出荷明細を送信することを、**ASN**（Advanced Shipping Notice）といいます。これにより、仕入検品業務を大幅に省力化し、時間短縮につなげることができます。

■ASNとSCMラベルのイメージ

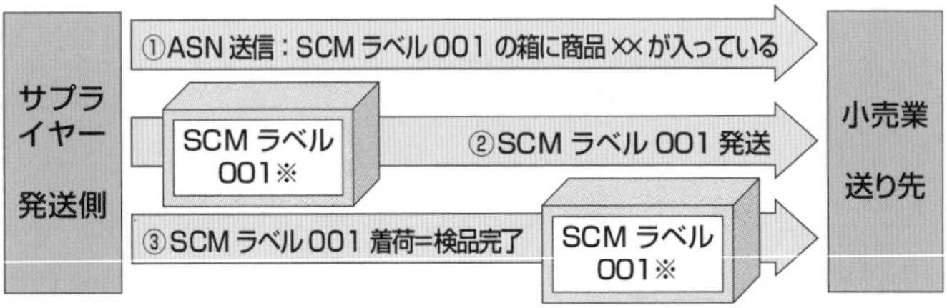

※SCMラベルのコードの一部にJANコードを使う可能性があります。

（2）ECR

ECR（Efficient Consumer Response）とは、アメリカ食品マーケティング協会によって提唱された概念で、メーカーと小売業などが協力して、消費者対応の質を高めようとする試みです。その基本コンセプトは、「効率的品ぞろえ」「効率的在庫補充」「効率的プロモーション」「効率的商品導入」という4つの目標を実現することです。

（3）EDIの展開

パートナーシップやチェーンストアの業務を効率化するために、EDIを展開しています。

①受発注EDI

小売業からの発注業務、サプライヤーの受注・出荷業務を効率化します。

②物流EDI

サプライヤーの受注・出荷業務や納品業務、小売業の検品業務を効率化します。

③決済EDI

サプライヤーの請求業務、小売業の支払業務を効率化します。

よくある質問

Q どのような背景でEDIは生まれたのですか？

A EDI導入前は、各企業が独自のデータ形式で、取引先ごとに専用の端末を設置し、データを自社のデータに変換しなければなりませんでした。この問題を解決するために、やりとりする情報を標準的なデータに統一して、企業間で交換するEDIが生まれました。

要点マスター

需要予測・自動補充システムの方式

①CRP…サプライヤーが補充量を決定する
②CPFR…小売業とサプライヤーが共同で補充量を決定する

仕入検品業務の省力化

①SCMラベル…荷物に貼る荷物内の商品内容を示すラベル
②ASN…送り先にSCMラベル情報を送信する事前出荷明細
③着荷荷物のSCMラベルとASNとを照合して検品完了とする

Let's Try 一問一答

○×問題に答え、正解したらチェックマーク☑を入れましょう

□	①	EDIは、インターネットなどを使って、同一企業内で発注や受注のやりとりをする仕組みである。
□	②	EDIにより、発注、納品、請求などにかかわる伝票や帳票類をペーパーレス化できる。
□	③	VMIでは、サプライヤーだけの判断で自動補充する。
□	④	JMIの代表的な方式にCRPがある。
□	⑤	CRPは、店舗や物流センターの在庫管理を小売業が主導権を握って管理するシステムのことである。
□	⑥	ASNは、商品着荷の前に電子データで出荷明細を送信することである。
□	⑦	ECRの基本コンセプトは「効率的品ぞろえ」「効率的在庫補充」「効率的プロモーション」「効率的商品導入」を実現することである。
□	⑧	QRは繊維業界を中心として取り組まれてきた。
□	⑨	EDIは受発注と物流で使われるが、決済では使われない。

【解答・解説】
①×　異なる企業間である。／②○　／③○　／④×　JMIの代表的な方式にCPFRがある。CRPはVMIの代表的な方式である。／⑤×　サプライヤーが管理する。／⑥○　／⑦○　／⑧○　／⑨×　決済EDIもある。

第3章

ストアオペレーション

LESSON 1

売上高と利益向上のストアオペレーション

学習のPOINT

頻出度 ★★★

Check! ／ ／ ／

客単価を増やすことにより売上高を向上させる。PB商品の販売や高付加価値商品の推奨販売などにより粗利益率を向上させる。人件費・広告宣伝費などの削減により利益を向上させる。

1 計画的な売上総利益の増やし方

「売上総利益（粗利益）＝売上高×粗利益率」という計算式があります。この計算式から、売上高や粗利益率を増やすと売上総利益（粗利益）が増えるとわかります。「売上高や粗利益率を増やすために何をするか？」と考えることから、売上高と利益向上のストアオペレーションが始まります。

■売上高・売上総利益の計算式

●売上総利益↑ ＝ 売上高↑ × 粗利益率↑

売上高＝客数×客単価

粗利益率＝(売上高－売上原価)÷売上高×100

客単価＝買上点数×一点単価

2 売上高の増やし方

売上高は「客数×客単価」の計算式で表されます。客単価は「買上点数×一点単価」で表されます。ストアオペレーションの工夫で増やしやすいのは「買上点数」といわれています。販売機会ロスの防止や、クロスマーチャンダイジングなどによる関連購買の促進で買上点数を増やすことが売上高を増やすことにつながります。

用語

クロスマーチャンダイジング
焼肉用の肉とタレのように、同時に使う商品を近くに配置して同時購買を促すディスプレイ技術。

■売上高の増やし方

販売機会ロスの防止 →買上点数向上	・欠品の防止
	・不的確な販売方法の見直し
	・新商品や売れ筋商品の情報収集
クロスマーチャンダイジングやコーディネート陳列→買上点数向上	

3 粗利益率の増やし方

仕入価格の引下や高粗利益率商品の販売が粗利益率を増やすことになります。

■粗利益率の増やし方

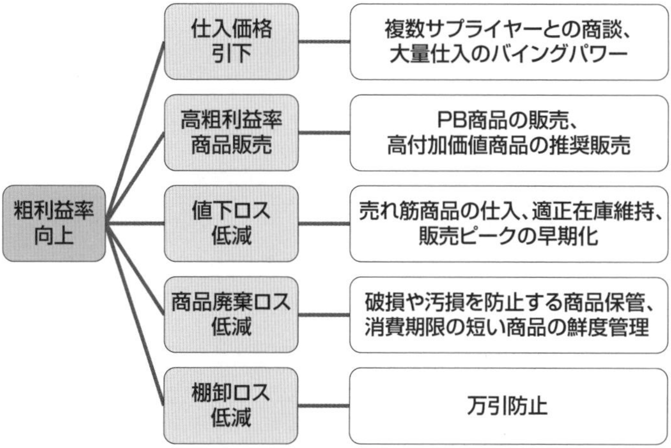

4 計画的な営業利益の増やし方

「営業利益＝売上総利益（粗利益）－販売費及び一般管理費」という計算式があります。この計算式から販売費及び一般管理費を減らすと営業利益が増えるとわかります。販売費及び一般管理費は売上高や売上総利益を増やすための費用です。売上高や売上総利益に対する人件費や賃借料、広告宣伝費の割合を減らしたり、光熱費を減らしたりすると、販売費及び一般管理費が減り、営業利益が増えます。

用語

労働分配率
人件費÷付加価値（粗利益）×100。比率が大きいと人件費負担が重いことになる。

■営業利益の増やし方

粗利益に応じた人件費	労働分配率を抑える
売上や粗利益に応じた賃借料	売上高対賃料比率や売上総利益対賃料比率を適切に抑える
費用対効果の高い広告宣伝	売上高対広告宣伝費比率や売上総利益対広告宣伝費比率の基準値を設定し、その範囲内で適切にコントロールする
光熱費の低減	省エネルギー機器の利用で消費電力や環境負荷を抑える

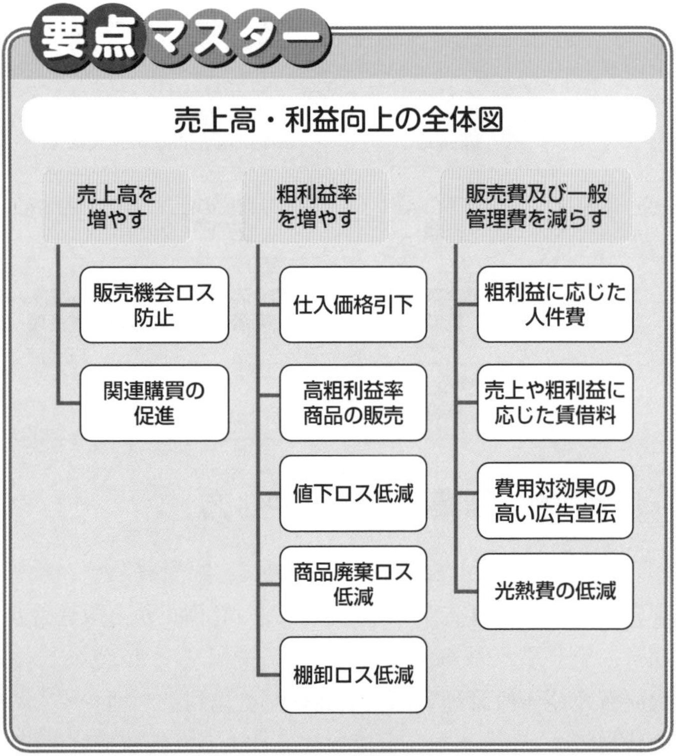

Let's Try 一問一答

○×問題に答え、正解したらチェックマーク☑を入れましょう		
□	①	売上総利益を増やすためには、売上高を増やす方法と粗利益率を減らす方法がある。
□	②	「売上高＝客数×客単価」の「客数」は「買上点数×一点単価」で表される。
□	③	高粗利益率商品の販売の一つに、PB商品の販売強化がある。
□	④	労働分配率が大きいと人件費負担が重いことになる。

【解答・解説】

①×　売上総利益を増やすためには、売上高を増やす方法と粗利益率を増やす方法がある。／②×　「買上点数×一点単価」で表されるのは客単価である。／③○　／④○

LESSON 2

発注システム

学習のPOINT

頻出度 ★

Check! ／ ／ ／

決められた棚割の中で、売れた商品を店舗の棚に補充するために売場から商品を発注することを補充発注という。陳列数量は常に見やすく手に取りやすい量を保つ必要がある。

1 補充発注の方法

(1) EOS発注

規格化された棚割の中で、売れた商品を補充するため、商品を発注することを**補充発注**といいます。この補充発注を効率的に行う方法の一つに、**EOS発注**があります。**EOS**（Electronic Ordering System：電子受発注システム）とは、売場の発注担当者が仕入れたい商品の商品コードと数量を端末機の発注台帳に入力し、店舗にある**ストアコントローラ**を通じて（チェーンストアでは本部を経由し）仕入先へ発注を行うことです。

(2) 最低陳列数量と欠品

売場では、陳列数量が一定以下になったとき、販売数量が急速に減少することがあります。その一定数量が**最低陳列数量**です。陳列数量がゼロになった状態でなく、最低陳列数量を下回った状態を**欠品**と考えることが重要です。売場担当者は、顧客が見やすく取りやすい適正在庫を維持する必要があります。

たとえば、最低陳列数量が11個の商品Ａの売上数量と陳列数量が次の図表のようであった場合、陳列数量11個を下回る５日目から欠品状態と考えます。売場担当者は、商品の発注リードタイムを考慮して、陳列数量が最低陳列数量を下回らないように補充発注します。

最低陳列数量は商品ごとに違います。

■商品Aの売れ行き

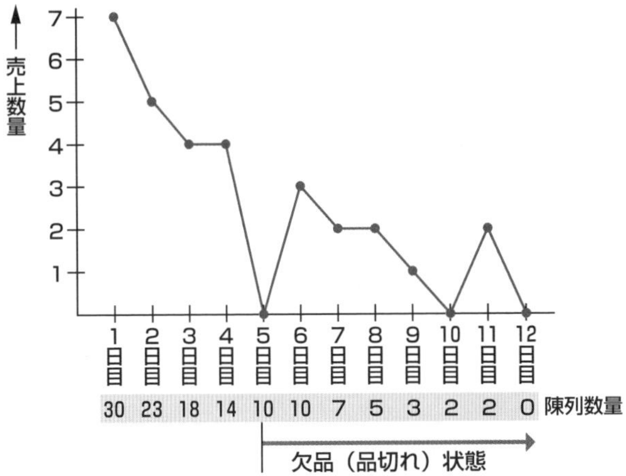

Let's Try 一問一答

○×問題に答え、正解したらチェックマーク☑を入れましょう

- □ ① 商品の補充発注を効率的に実施する方法として、POSシステムがある。
- □ ② 補充発注のシステムは、店長が入力する。
- □ ③ EOS発注では、店舗のストアコントローラに直接データ入力する。
- □ ④ EOSで入力する内容は、商品コードと数量である。
- □ ⑤ 陳列数量が最低陳列数量を下回った状態を欠品と考えることが重要である。
- □ ⑥ 売場担当者は、売場の陳列数量が最低陳列数量を下回る状態になったときに補充発注する。
- □ ⑦ 最低陳列数量は、商品カテゴリーごとに統一する。

【解答・解説】

①×　POSシステムではなくEOSである。／②×　店長ではなく、売場の発注担当者である。／③×　端末機の発注台帳に入力する。／④○　／⑤○　／⑥×　発注リードタイムを考慮して、陳列数量が最低陳列数量を下回らないように補充発注する。／⑦×　最低陳列数量は商品ごとに違う。

LESSON 3

売場の管理

学習のPOINT

頻出度 ★★

売場の管理とは、顧客にとって商品が見やすく、手に取りやすい売場をつくることである。このため、商品の前出しや補充、ディスプレイ、売場のチェックを欠かさず行う必要がある。

Check!

1 商品の前出し

前出しとは、棚の手前が乱れた売場において、棚の奥に残った商品を棚の手前に引き出して単品のフェイスを平面状に整えることです。前出しは棚割表に基づいて行われます。

2 商品の補充

補充とは、商品カテゴリー別に品薄または欠品状態を予測し、常に一定の商品数量を売場に整えるための作業です。「**品出し**」とも呼ばれています。

小売店では次のようなときに補充を行います。

①商品が品切れしたとき（**欠品**時）

②商品が少なくなったとき（**品薄**時）

③決められた時間帯のとき（夜間、早朝など）

上記②③の場合、棚奥に売れ残っている商品を棚の手前に整えて並べる前出しを行った後に、棚奥に新しい商品を補充します。

動きの早い商品はフェイスを大きく取り、補充の効率化を図ります。また、ティッシュペーパーや紙おむつのように一定量がまとめて納品される商品は、いったんバックルームに保管し、売場での売れ行き状況に応じて随時補充することにより、量感のある売場状態を維持します。

3 ディスプレイの方法

ディスプレイを工夫することで、商品の見た目をよくしたり、商品にボリューム感を出したり、顧客の視覚に訴えたりできます。しかし、前進立体陳列など主要なディスプレイだけでは売場が単調になるため、変形陳列を併用してアクセントをつけることも必要です。

（1）前進立体陳列（フォワード陳列）

セルフサービス販売を主体とする売場において、ディスプレイの表面が盛り上がった感じに表現するディスプレイ方法です。

（2）カラーストライプ陳列

商品の持つ色を訴求することによって、陳列面に縦じま模様をつくるディスプレイ方法です。

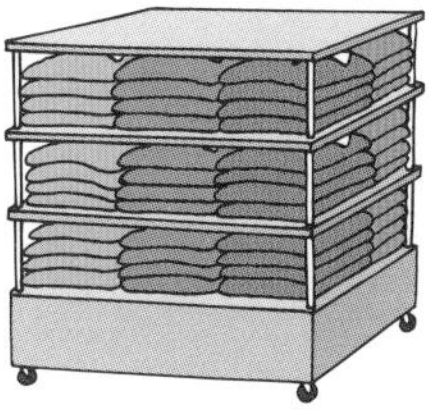

（3）コーディネート陳列

関連のある商品を組み合わせて提示し、対面販売を主体とする店舗において多く利用されています。

（4）ハンガー陳列

セルフサービス販売および対面販売を主体とする店舗で多く利用されるディスプレイ方法です。

（5）その他の変形陳列

■主要な変形陳列

	陳列方法	商品例
プッシュアウト（突き出し）陳列	ゴンドラ什器などの陳列ラインよりも前面の通路側に突き出す	・特に訴求したい商品 ・新商品や育成商品
ウィング（翼型）陳列	ゴンドラエンドや平台の両側、あるいは片側に鳥の翼を広げたように突き出す	・ゴンドラ内の関連商品 ・認知度を高めたい商品 ・ついで買い商品 ・売れ残りの見切り商品
ステップ（ひな壇）陳列	３段以上の階段状に積み上げる	・積み重ねても変形しない商品
パイルアップ（積上げ）陳列	商品を組み合わせながら垂直に高く積み上げる	・比較的大型で安定感があり、積み上げられる商品

4 棚卸の目的

帳簿在庫と実在庫は、さまざまな原因によりくい違います。したがって、小売業は年に最低２回は正確な実在庫を把握し、管理日報のデータ修正を行う必要があります。そのための業務が**棚卸**です。

5 レジチェッカーの役割

セルフサービス販売を主体とする小売店では、レジチェッカー（精算担当者）の役割として、顧客の買物を締めくくる**接客**があります。小売店では、マニュアル整備により、マナーやルールを徹底しています。

しかし、**接客**にはマニュアルを超えた臨機応変な対応が求められます。臨機応変な対応として、レジチェッカーには、**気配り**や**目配り**などのトレーニングも必要です。

（1）気配り

年配の顧客の場合、金銭授受に時間をかけたり、袋詰めまで手伝うなどの気配りが大切です。お札と小銭をつり銭として渡す場合、先にお札だけを渡し、顧客がお札をしまってから小銭とレシートを渡す気配りをしている小売店もあります。

（2）目配り

顧客がレジに来たときは、顧客の目を見て笑顔であいさつします。精算中の顧客だけでなく、列に並んでいる顧客にまで目配りし、並んでいた顧客がレジに来たら「お待たせいたしました」などと言い添える配慮が大切です。

Let's Try 一問一答

○×問題に答え、正解したらチェックマーク☑を入れましょう		
□	①	補充とは、商品が品切れになってから、商品を品出しすることをいう。
□	②	補充の効率化を図るため、動きの早い商品はフェイスを小さく取る。
□	③	前進立体陳列は、セルフサービス販売の売場で、ディスプレイの表面を盛り上がった表現にする方法である。
□	④	ステップ陳列は、積み重ねても変形しない商品などに適している。
□	⑤	帳簿在庫と実在庫がくい違うことはない。

【解答・解説】
①×　商品の品薄、または欠品状態を予測し、常に一定の数量を売場に整える作業。／②×　フェイスを小さく取るのではなく、大きく取る。／③○　／④○　／⑤×　帳簿在庫と実在庫はさまざまな原因でくい違うため、棚卸で修正する。

LESSON 4

ディスプレイの目的と技術

Check!

／ ／ ／

学習のPOINT

頻出度 ★★★

ディスプレイの目的は、商品の比較検討を容易にすることで購買促進することである。陳列・補充は商品を品切れさせずに並べることである。ディスプレイには補充型陳列と展示型陳列がある。

1 補充型陳列（オープンストック）

一般的に消耗頻度、使用頻度、購買頻度の高い**定番商品**を効率的に補充し、継続的に販売するためのディスプレイ法です。

主に**セルフサービス**販売の小売店で採用されています。

次のような機能がある補充型陳列を行う場合には、主に下記のポイントに気をつける必要があります。

■補充型陳列の機能

顧客の立場	見やすい、選びやすい、手に取りやすい
店舗の立場	売場管理や商品管理しやすい、販売数量を増やしやすい

■補充型陳列を行う際のポイント

留意点	顧客が見やすい前進立体陳列にする。ディスプレイに安定感、清潔感を持たせる。最上段の高さを統一する。ディスプレイのパターンを決めておく
陳列棚の縦割り（垂直型）展開	用途や機能別、ブランド別に商品をグループ化した上で大中小の商品分類を行い、その分類ごとにサイズや色別に並べる。見やすい陳列幅内のゴールデンラインを中心に戦略的にディスプレイする
フェイシング	棚割の一部であり、販売数量に比例するなど、単品の数を縦と横に計画的、戦略的に決めること。単品の多フェイス化が基本だが、複数品目や複数ブランドの大量陳列を集合させると売上増加の効果が高い

展開

至近距離で見やすい陳列幅は120°以内、1.5～2mが限界といわれている。

よくある質問

Q 補充型陳列が、主にセルフサービス販売方式の小売店で採用されているのは、なぜでしょうか。

A 一般的に、購買頻度の高い定番商品を陳列するのに向いているからです。効率的なフェイシングを決定し、前進立体陳列をすることで、買いたい商品の決まっている顧客のショートタイムショッピングを手助けできます。

ディスプレイを工夫することで、売上増加や省力化などの効果を見込めます。なお、ゴンドラ什器などにディスプレイされた状態で顧客が最も手に取りやすい位置のことを**ゴールデンライン**といいます。

売上増加のためのディスプレイ方法
・単一ブランド集合訴求型陳列 ・多数ブランド複合訴求型陳列 ・ディスプレイするスペースの拡大による大量陳列 ・安定感のあるディスプレイ

補充型陳列をする売場では、ハイターン（回転が速い）・ローストック（在庫が少ない）を意識した陳列が求められます。

■ハイターン・ローストックを意識した陳列

前進立体陳列	・商品を手前に前進させて立体的に陳列する ・棚奥に商品がないローストックでもボリューム感が出る
上げ底陳列	・アンコ（ダミー）を使って底上げし、商品を積み上げる ・アンコ部分の商品がないローストックでもボリューム感が出る

2 展示型陳列（ショーディスプレイ）

売りたい商品をショー的にディスプレイし、顧客の購買意欲を高める方法です。主に**対面販売**を行う小売店で採用

補足

フェイシングを計画的に行うことにより、商品ごとの商品回転率が平均化され、さらにゴンドラ全体の商品回転率を高めることができる。ただし、消費者ニーズの強い商品がフェイシングの決定基準となる。

補足

同一種類の商品の大量陳列は、量（ボリューム）感演出による販売促進として効果的である。

されています。ショーマンシップを発揮することが大切です。

■展示型陳列を行う際のポイント

訴求対象	主要顧客に的を絞り、展示型陳列のテーマや重点商品を訴求する
表現ポイント	流行や季節性を考慮する。テーマをもって重点商品を訴求する
表現方法	テーマに合わせてトータルコーディネートを徹底する⇒店内の各ゾーンに合わせて具体的な展示プランを立案する⇒テーマの明確性を維持しながら価格の安さを強調する
展示場所	人目につく場所に陳列して集視ポイントにする。複数個所に陳列して売場内の回遊性を高める
留意点	重点商品を中心としながら、装飾物に頼ることなく、重点商品が目立つようにディスプレイする

■展示型陳列の具体例

着せつけ陳列	マネキン人形に衣料を着せつける方法
吊下げ陳列	天井などから商品を吊るす方法
掛け陳列	腰掛けた姿勢のマネキンなどに商品を掛ける方法
貼りつけ陳列	壁面やボードに商品をピンで貼りつける方法
スタンド陳列	スタンド・ハンガーを利用する方法
シンボライズ陳列	商品とモチーフ（主題）で象徴的に表現する方法
ドラマチック陳列	物語の１コマのような劇的に表現する方法

補足

貼りつけ陳列には、少ないスペースでも効果が得られ、集視ポイントをつくれるメリットがある。商品を引き立てるために背景色を考慮し、さらにPOP広告を添えて商品のよさを強く訴求する。

3 顧客の注目を集める売場づくり

（1）フロアゾーニングとフロアレイアウト

フロアゾーニングとは、顧客心理に対応し、買物がしやすいように商品群を部門にグルーピングし、それら部門に該当する品群を店舗全体に効果的に割り振ることです。

フロアレイアウトとは、ゾーンごとに商品カテゴリーを効果的な売場へ計画的かつ連続的に配置することをいいます。レイアウトされた商品の品種構成は、小売店の個性を決める重要なものであると同時に、**顧客導線**に影響しますので、導線の効率がよくなるように工夫することも求められます。

■フロアゾーニング設定の意味

消費者心理への対応のために
・ワンストップショッピングニーズ
・ショートタイムショッピングニーズ
・ストレスフリーショッピングニーズ

小売店側の売上極大化のために
顧客の購買機会を高め、買上率を上げる
・できる限り多くの通路を歩いてもらう
・できる限り長い距離を歩いてもらう

↓

両立させる工夫
わかりやすいフロアゾーニングと
便利に使えるフロアレイアウトで
店内滞留時間をむやみに長くせず
短縮化する工夫をする

（2）集視ポイントの設置

集視ポイント（アイキャッチャー）とは、顧客の目をひきつけ、足を止めさせ、衝動買いを誘発するためのポイントになる部分のことです。

（3）ゴールデンラインの検討

ゴールデンラインとは、顧客が商品を見やすく、手に取りやすい高さの範囲です。補充型陳列でも展示型陳列でもゴールデンラインを有効に活用することが大切です。

よくある質問

Q ゴールデンラインの高さは、公式に決められているのでしょうか。

A ゴールデンラインの高さは、公式には決まっていません。店舗や陳列什器、対象となる顧客の性別によっても異なります。「顧客の手に触れやすい領域」が前提になります。

お客様のニーズを踏まえながら効率化を図ることがポイントなのですね。

展開

スーパーマーケットでの「マグネットコーナー」も集視ポイントである。マグネットコーナーとは、顧客吸引力の強い商品群であるパワーカテゴリーを配置した売場である。

要点マスター

補充型陳列と展示型陳列の具体例

陳列パターン	具体例	
補充型陳列 （売上増加が目的）	・単一ブランド集合訴求型陳列 ・多数ブランド複合訴求型陳列 ・大量陳列	
展示型陳列	・着せつけ陳列 ・吊下げ陳列 ・掛け陳列 ・貼りつけ陳列	・スタンド陳列 ・シンボライズ陳列 ・ドラマチック陳列

Let's Try 一問一答

○×問題に答え、正解したらチェックマーク☑を入れましょう		
□	①	補充型陳列は、対面式販売の小売店で主に採用されている。
□	②	補充型陳列には、最上段の高さを統一する留意点がある。
□	③	ハイターン・ローストックを意識した陳列には、前進立体陳列や下げ底陳列がある。
□	④	展示型陳列は、主に安さを訴求する方法である。
□	⑤	吊下げ陳列は、商品を天井から吊るす方法である。
□	⑥	シンボライズ陳列は、物語の１コマのような劇的に表現する方法である。

【解答・解説】

①×　対面式販売ではなくセルフサービス式の小売店である。／②○　／③×　下げ底陳列ではなく、上げ底陳列である。／④×　ショー的なディスプレイで、顧客の購買意欲を高める方法である。／⑤○　／⑥×　シンボライズ陳列ではなく、ドラマチック陳列である。

LESSON 5

ビジュアルマーチャンダイジング

頻出度 ★★

Check! ／ ／ ／

学習のPOINT

ビジュアルマーチャンダイジングでは、顧客の心理過程に沿ってSPやCP、IPを組み合わせる売場演出で、視覚面から購買意欲を刺激する。

1 ビジュアルマーチャンダイジング（VMD）

ビジュアルマーチャンダイジング（VMD）とは、視覚面から消費者に訴求する売場づくりを行う技法で、顧客の購買意欲を刺激する売場を演出することです。

商品コンセプトを、顧客に対して視覚的に明確に伝え、顧客が欲しいときに、欲しい商品が、欲しい量だけディスプレイされるように配慮します。

2 VMDの展開要素

VMDは、ハード面（内外装・什器・備品・装飾具・照明など）とソフト面（ゾーニングやレイアウト、ディスプレイ、POP広告、カラーコントロール）の要素で展開します。

3 AIDMAの原則

顧客が商品に気づいてから購入を決めるまでの心理過程を「注目（Attention）→興味（Interest）→欲望（Desire）→記憶（Memory）→行動（Action）」の５段階で表した原則です。

■AIDMAの原則

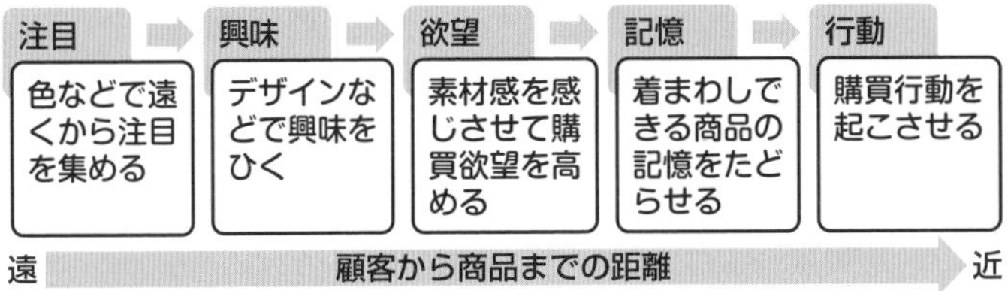

4 VMDの種類

(1) SP (Shop Presentation)

売場外の顧客を売場に引き込みます。売場に注目してもらうために、特設ステージやショーウインドウで総合的に商品を見せます。

(2) CP (Corner Presentation)

売場に入った顧客を商品コーナーへ誘導します。商品コーナーに興味を持ってもらうために、テーマに合わせた飾り付けをします。

(3) IP (Item Presentation)

顧客に一つひとつの商品をきちんと見えるようにします。購買意欲を持ってもらうために、商品の細部まで比較検討できるようにします。

■VMDの種類

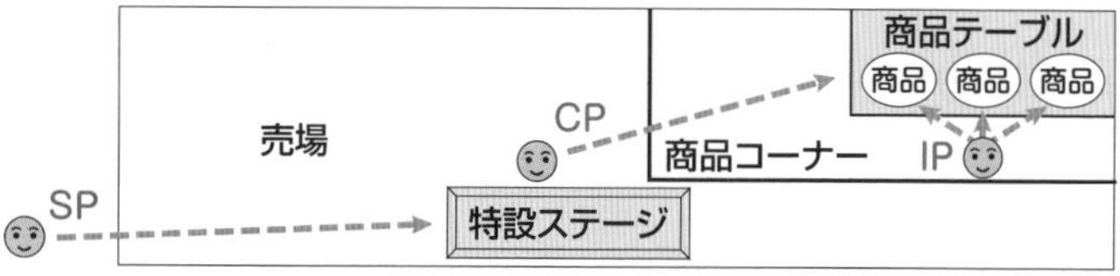

Let's Try 一問一答

○×問題に答え、正解したらチェックマーク☑を入れましょう

☐	①	ビジュアルマーチャンダイジングとは、聴覚面から訴求する方法である。
☐	②	AIDMAの原則は、注目→興味→欲望→記憶→行動の５段階で顧客の購買までの心理過程を表している。
☐	③	VMDのSPは、売場に入った顧客を商品コーナーに誘導する。
☐	④	VMDのCPは、売場外の顧客を売場に引き込む。

【解答・解説】

①×　聴覚面ではなく、視覚面から訴求する。／②○　／③×　SPは、売場外の顧客を売場に引き込む。／④×　CPは、売場に入った顧客を商品コーナーに誘導する。

LESSON 6

作業割当の基本

Check! ／ ／ ／

頻出度 ★★

学習のPOINT

作業割当により人時生産性や販売効率の高い売場にする。パートタイマーやアルバイトには人件費が安いメリットや長期的戦力になりにくいデメリットがある。

1 作業割当（ワークスケジューリング）の基本知識

（1）人時生産性

小売店の利益を増減させる重要な要素である人件費を管理する指標に人時生産性があります。人時生産性は、**従業員１人が１時間当たり**に稼ぎ出す粗利益高で、次の式で計算します。

$$\text{人時生産性}=\frac{\text{粗利益高}}{\text{総労働時間}}$$

作業割当を整備して全従業員が働くことで、人時生産性を向上できます。

「人時」は１人の従業員が１時間当たりに働いた工数です。８人時は１人で取り組めば８時間かかるという意味です。

（2）作業割当の方法

作業割当とは、「誰が、何時から何時まで、どこで、何の作業を行うのか」を誰でもわかるように具体化し、時間帯別の作業割当表にまとめることです。作業割当表を作成すると各従業員の仕事量が均等に近づきます。作業割当表の作成では、曜日や時間帯、季節ごとの要因も意識します。

■作業割当表と作成前チェック項目

	9時	10時	11時	12時	13時	14時	15時
Aさん	開店準備	レジ操作		食事	商品補充		
Bさん					クリンリネス		品出し
Cさん				レジ操作			発注

☑どの時間帯に、どんな作業が必要か
☑誰にやらせるか
☑いつまでにその作業をやるか
☑どんな報告をするか
☑どんな準備と後始末をするか
☑コストと効果の関係はあるか
☑まとめてやれないか
☑他の時間帯にできないか
☑順序を変えられないか
☑どんな道具が必要か

作業割当表を作成する際には「売上に直結する重点作業を優先する」「スケジュールに余裕を持たせる」「作業者の習熟度や知識を把握しておく」「週間ベースで作成する」ことに気をつける必要があります。

2 パートタイマー・アルバイトの活用方法

（1）パートタイマー・アルバイト活用のメリットとデメリット

正規社員よりも労働時間が短いパートタイマー・アルバイトの位置づけが、補助作業中心から責任や権限が与えられた業績向上の戦力に変化しています。パートタイマー・アルバイトのメリットとデメリットを理解して、責任や権限を与えることが大切です。

■パートタイマー・アルバイトのメリットとデメリット

メリット	・人件費が安い ・期間を定めた雇用契約を結べる ・必要なとき、必要なだけ労働力を調達できる
デメリット	・長期的戦力になりにくい ・働く時間や日数が少なく限定される

（2）パートタイマー・アルバイト活用の仕組み

①処遇面

パートタイマー･アルバイトのやる気を維持するために、正規社員との**定期的な話し合い**や、**実績・能力**に応じた時給アップや表彰制度、勤務シフトの**柔軟対応**、**正規社員との区別**をなくすなどの配慮をします。

②育成面

短期間で戦力になるように、誰でも簡単に正確に仕事をこなせる作業マニュアルを整備し、OJTで教育訓練します。

■主な教育訓練

OJT	仕事に習熟した社員がトレーナーになり、職場（現場）で実習を訓練する
Off-JT	職場外研修と呼ばれる業務以外での能力訓練。就業時間中に職場とは違う場所で実施される

要点マスター

作業割当表作成の注意点

①売上に直結する重点作業を優先する
②スケジュールに余裕を持たせる
③作業者の習熟度や知識を把握しておく
④週間ベースで作成する

Let's Try 一問一答

○×問題に答え、正解したらチェックマーク☑を入れましょう		
□	①	人時生産性は、売上高を総労働時間で割って求める。
□	②	作業割当表を作成すると、各従業員の仕事量が均等に近づく。
□	③	作業割当表は月ベースで作成する。
□	④	OJTでは、職場以外で知識の習得を目指す。

【解答・解説】
①×　粗利益高を総労働時間で割って求める。／②○　／③×　作業割当表は週間ベースで作成する。／④×　OJTは、職場で実習を訓練する教育方法である。

LESSON 7

効率的な店舗運営のためのLSP

学習のPOINT

頻出度 ★★★

Check! ／ ／ ／

レイバースケジューリングプログラム（LSP）の目的は、売上高予算に合わせた日割り人時枠を設定し、適正な従業員数（人時）を割り当て、効率的な店舗運営を行うことである。

LSPは、バックヤードの作業改善の中でも、主にグロサリー（食料雑貨）の品出し作業や、生鮮食品の加工作業でのスケジューリング技術として構築されてきました。

1 LSPの開発ルーツと運営のポイント

（1）開発ルーツと基本原則

レイバースケジューリングプログラム（LSP）は、アメリカの工業近代化時代に生産性向上のシステムの一つとして開発されました。小売業では、アメリカの大手チェーンストアがバックヤードの作業改善のためにLSPを導入したのが始まりです。

LSPの基本原則は、作業と作業量を明確にし、作業ごとに必要な**従業員**と適正な作業員数（人時）を振り分けることです。

（2）LSPの稼動による効率的店舗運営

効率的店舗運営のためには、以下の点に留意します。

①日々の売上高を正確に予測する

LSPの基本は、売上高予算から作業量（人時）を導き出すことであることから、精度の高い売上高予測が必要です。

②売上高予算に対応した日割り人時枠の設定

必要な従業員数（人時）を、適正数で割り当てることで予算に対応した日々の売上高を確保できます。

③日々の特徴に対応した人時枠の設定

繁忙日には売り逃しを避けるため、**パートタイマー**を最大限に投入し、予測と実績の差をなくします。

一般的に、繁忙日の売上高の予測と実績の差が大きいのは、従業員（人時）の投入量が少ないためです。閑散日は、その差は小さくなります。

展開

人時売上高は、「売上高÷総労働時間数」で求められ、売上高を確保するための人時売上高基準は、「売上高予算÷人時予算枠（予定の労働時間数）」で求める。

2 LSPの活用による発注作業の効率化

小売店の発注作業のうち、最も時間のかかる発注数量を決める作業を、LSPの活用で効率化することができます。

(1) グロサリーの発注での活用

LSPは、在庫管理の効率化を目的として、自動発注システムを構築したチェーンストアで使われています。

(2) 発注作業における人時の改善

発注作業を細かく分解して、人時計算ができるプログラムを作成することで、商品の発注作業における人時を改善できます。

仮に対象商品が1,000品目で、発注率が20%の場合をみてみます。発注する品目は、1,000品目×20%＝200品目です。

①１品目当たりの平均発注所要時間を40秒とすると、発注時間は200品目×40秒＝8,000秒になります。

②発注端末の準備や発注データの送信などの事前事後作業の時間を仮に500秒とします。つまり、１回の発注について、8,500秒かかります。

補足

人時計算ができるプログラムで求めた数値が実地調査した作業の人時と同じであれば、プログラムの計算式が適正と判断できる。

■発注作業の人時計算の例

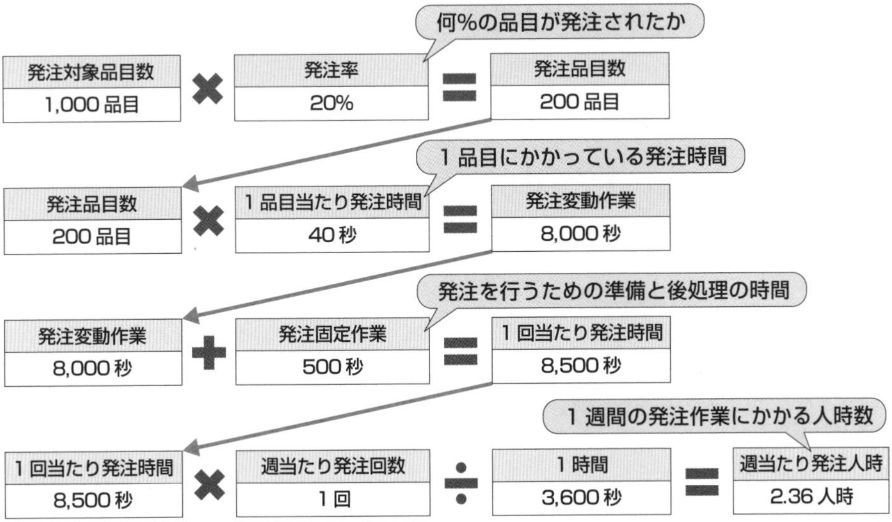

（参考：「販売士ハンドブック〈応用編〉」日本商工会議所・全国商工会連合会編）

③仮に、週１回の発注で、１週間における発注作業の人時を計算すると、8,500秒×１回÷3,600秒＝2.36人時となり、発注時間に週当たり2.36人時が必要であることが導けます。

（3）計算式に基づく改善案

①発注率の抑制

発注率の高さは、商品回転率の高さを意味していますが、多頻度発注により作業にかかる人時は増加するため、売れ筋商品は在庫を増やし、**発注ロット**を大きくします。

②１品目当たりの発注所要時間の短縮

この作業を短縮することで、発注にかかる総所要時間が大きく短縮されます。**オーダーブック**方式より直接棚札からバーコードを読み取る棚札方式の方が作業時間は短いとされますが、発注端末技術の発達により、オーダーブックを画面で見られるようになり、両者の差はなくなりつつあります。

③固定化された発注作業時間の減少

発注データ伝送速度の高速化と、発注エラーへの迅速な対応が可能になってきています。

④発注回数の減少

発注作業時間だけでなく、検収や補充時間の減少にもつながります。

よくある質問

Q 日々の売上高を正確に予測する前提要因には、どのようなものがあるでしょうか。

A 前年の実績、販促計画、季節のイベント、天候、競合店の状況など、さまざまな要因があります。日々の予算と実績の差を週間や月間単位で分析し、理由を正確に把握します。

用語

オーダーブック方式
オーダーブックとは注文書のことで、発注する商品をオーダーブックから探して、発注数を記入する。さらにオーダーブックから商品のバーコードを読み取り、発注数を入力する。発注品目の数だけオーダーブックに記入する作業と、発注数を入力する作業が発生する。

棚札方式
発注する商品の棚札のバーコードを読み取り、発注数を入力する。本部のコンピュータへの伝送回数は１回であるが、発注品目の数だけ入力回数が発生する。

要点マスター

発注作業の人時計算式による改善案

発注率の抑制	・売れ筋商品の在庫増加 ・発注ロットの大型化
1品目当たりの発注所要時間の短縮	・技術水準の高い発注端末機器の採用 ・自動発注方式への取組み
固定化された発注作業時間の減少	・発注データ伝送速度の高速化 ・発注エラーへの迅速な対応
発注回数の減少	・回数を減らす工夫

Let's Try 一問一答

○×問題に答え、正解したらチェックマーク☑を入れましょう

□	①	LSPの基本原則は、店舗運営の作業量の確定である。
□	②	LSPは、日本で開発された。
□	③	繁忙日でも、パートタイマーの投入人数は通常通りでよい。
□	④	発注率を抑制するには、発注ロットを大きくする。
□	⑤	オーダーブック方式とは、直接棚札からバーコードを読み取る方式である。
□	⑥	発注回数が減少しても検収時間は減少しない。

【解答・解説】

①×　作業と作業量を明確にし、作業ごとに必要な従業員と適正な作業員数（人時）を振り分けることである。／②×　アメリカで開発された。／③×　売上高の予測と実績の差をなくすため、最大限に投入する。／④○　／⑤×　オーダーブック方式ではなく棚札方式の説明である。／⑥×　検収時間は減少する。

LESSON 8

人的販売と接客技術

学習のPOINT

頻出度 ★★

Check! ／ ／ ／

販売員は、顧客の購買心理過程に対応して「待機」から「お見送り」まで接客し、顧客満足度を高める。セルフサービスの売場では、顧客の動きを意識しながら、活気あふれる明るい雰囲気をつくる。

1 購買心理過程

顧客には、商品や購買に関心がない「無関心」の状態で入店してから、購買に「満足」して出店するまでの心理過程があるといわれます。顧客の心理過程に合わせ、次の心理過程に進める接客が販売員に求められます。

■購買心理過程

入店	無関心	特定商品や購買に関心がない状態（入店直後）
↓	注目	ディスプレイや店内レイアウトに気づいて注目する
↓	興味	特定の商品群に興味を持って立ち止まる
↓	連想	特定の商品をじっくりみて、使用場面を連想する
↓	欲望	商品に触れるなどして、商品所有の欲望を高める
↓	比較	もっとよい商品がないか探して比較する
↓	信頼	自分の購買決定や商品、販売員のアドバイスを信頼する
↓	決定	購買を決定して代金を支払う
出店	満足	購買や商品に満足する

2 購買心理過程に基づく販売員の役割

購買心理過程に対応して販売員は行動し、最終的に顧客満足にたどりつきます。そのプロセスは、一般的に次のようにまとめられます。

①待機…準備を整えながら、注目心理の顧客に声をかけて近づく機会を待ちます。顧客に圧迫感を与えないよう、動的待機も行います。

用語

動的待機
商品の整理や補充をしたり、ディスプレイを直したりといった軽作業を行いながら、顧客の行動を観察することである。

②アプローチ…興味心理の顧客に声をかけて近づくことです。タイミングのとらえ方が重要です。販売員がデモンストレーションを行うことで顧客の注目と興味を引き、自らアプローチのチャンスをつくり出すこともできます。

③商品提示…アプローチに成功したら、商品を見せながら、その商品の優れている点や使い方などを、連想心理や欲望心理の顧客に説明します。

④商品説明…顧客の好みや判断基準が明確になったら、**セリングポイント**を打ち出し、比較心理の顧客に具体性を持って商品を勧めます。

⑤クロージング…信頼心理の顧客が自分の意思で購入を決めるようにリードし、**満足感**を感じさせるようにします。クロージングの段階では、商品を２～３点程度に絞ります。

⑥金銭授受…金銭を授受する際は、決定心理の顧客に対して金額を口に出して確認します。

⑦包装…決定心理の顧客に対して感謝の気持ちを込め、美しく、スピーディに包装します。

⑧お見送り…満足心理の顧客に感謝の念を持ってあいさつし、見送ります。

■顧客の購買心理過程と販売員の役割

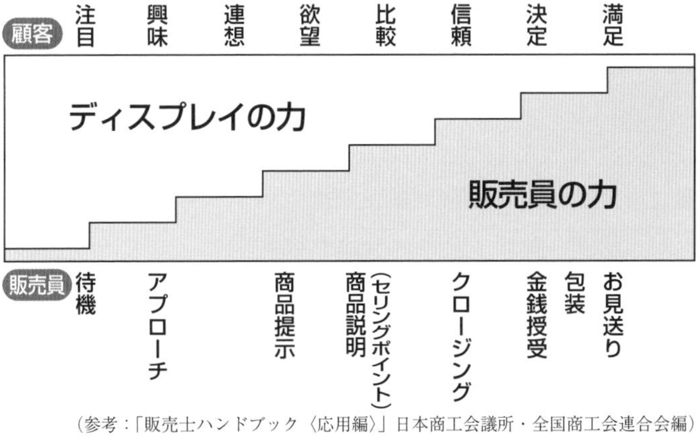

（参考：「販売士ハンドブック〈応用編〉」日本商工会議所・全国商工会連合会編）

補足

販売員が商品提示をするときは、①使う状態にして見せる、②顧客の手に触れさせる、③特徴をはっきりと見せることに留意する。

用語

セリングポイント

商品の特徴の中で、購買決定に最も影響を与える点をわかりやすく短い言葉で表現したものである。

よくある質問

Q アプローチでは、顧客にどのような言葉をかければよいでしょうか。

A 瞬時に顧客の心をとらえる言葉です。特に、顧客の購買心理が「連想」であるときには、「桜の下でよく映える色ですよ」など、さらに「連想」を高める言葉が必要です。アプローチが失敗した場合は、一度引き下がり、再度アプローチをする機会を待ちます。2度目のアプローチはタイミングを慎重にはかり、適切な言葉を選びましょう。

3 販売形態の特徴

販売形態には、顧客と販売員が対面して商品を選ぶ**対面販売**と、顧客が自由に売場を回って商品を選ぶ**セルフサービス販売**があります。

（1）対面販売の長所と短所

対面販売は、顧客が販売員に質問や相談をしやすい特徴があります。

■対面販売の長所と短所

長　所	・顧客が納得して購入できる ・手厚い接客で、固定客化しやすい
短　所	・販売に時間がかかり、販売効率が悪い ・顧客が抵抗感を感じることがある

（2）セルフサービス販売の長所と短所

セルフサービス販売は、販売員を気にせず、顧客が自由に商品を選べる特徴があります。

■セルフサービス販売の長所と短所

長　所	・顧客が気軽に入出店できる ・衝動買いを誘発できる ・販売員数を減らせる
短　所	・POP広告などが必要になる ・ディスプレイの工夫が必要になる

要点マスター

販売員の役割

待　機	声をかける機会を待つ
アプローチ	タイミングをとらえて顧客に声をかける
商品提示	商品を見せて、顧客に説明する
商品説明	セリングポイントを打ち出す
クロージング	顧客自身が購入を決めるように促す
金銭授受	金額は声に出して正確に
包　装	美しく、スピーディに
お見送り	感謝の気持ちで

Let's Try 一問一答

○×問題に答え、正解したらチェックマーク☑を入れましょう
□　①　顧客に圧迫感を与える必要があるため、動的待機はしないようにする。
□　②　販売員自らアプローチのチャンスをつくることはできない。
□　③　クロージングの段階では、商品を2～3点程度に絞る。
□　④　包装は、美しければ時間がかかってもよい。
□　⑤　対面販売は、販売効率が悪い。
□　⑥　セルフサービス販売は、衝動買いを誘発できる。

【解答・解説】
①×　顧客に圧迫感を与えないよう、動的待機を行う。／②×　デモンストレーションなどでチャンスをつくれる。／③○　／④×　包装をスピーディに行う。／⑤○　／⑥○

第4章

マーケティング

LESSON 1

マーケティング・ミックス（プレイス、プロダクト）

頻出度 ★★

Check! ／ ／ ／

学習のPOINT

小売業は立地産業ともいわれ、店舗がどこに位置するかは経営上の重要な位置を占める。また、マーケティングの４Ｐの中のプロダクト（マーチャンダイジング）は最も頻出のテーマである。

1 マーケティング・ミックスの考え方

小売業の役割は、メーカーや卸売業などを経由して店頭にディスプレイされる**商品流通**の**合理化**を実現し、最終消費者が**便利**で**買い求めやすい**環境整備を図ることです。

そのためには、適切な**商品**と**サービス**を適切な**場所**で、適切な**時期**に、適切な**数量**で、適切な**価格**で提供することが重要になります。これらを**マーケティング・ミックス**と呼び、４Ｐ（プレイス、プロダクト、プライス、プロモーション）の組み合わせから構成されます。

展開

小売業のマーケティング・ミックスでは商品化（品ぞろえ）政策が中心的課題になる。商品の仕入や販売活動は小売業のマーケティング活動の中ではマーチャンダイジングに含まれ、中枢的存在といえる。

2 プレイス（ストアロケーション）

（1）顧客に近接するための立地選定と店舗配置

プレイスでは、顧客が商品を購入しやすいように生活環境を整備します。小売業によるプロモーション効果や販売効率が高い戦略商圏の選定、顧客に選ばれる**立地選定**と店舗開発（業態の確立）に伴う計画的**店舗配置**（ストアロケーション）がプレイスの課題です。

立地条件が変化した場合、小売店の出店や退店（スクラップ＆ビルド）による対応を検討します。店づくりや商品構成、販売促進を見直し、新しい立地条件に合った業態を確立します。

補足

消費者は大きな店を好む傾向や近くの店を好む傾向がある。ハフモデルは、消費者が2つの商業集積のどちらを選ぶかを求める。

用語

戦略商圏
戦略商圏は、消費者行動の状況、競争店の分析状態、地域別の人口動態、地理的条件などを考慮して決定した営業範囲のこと。

（2）商品特性と立地に合わせた店舗（業態）開発戦略

小売業は、取り扱う商品の特性や立地面により、小域でターゲットを絞り込まない**無差別的セグメント**か広域でターゲットを絞り込んだ**差別的セグメント**かを選ぶことが重要です。

	品　目	商　圏
無差別的セグメント	最寄品、消耗品	小　域
差別的セグメント	買回品、専門品	広　域

3 プロダクト（マーチャンダイジング）

今日、ほとんどすべての商品に**ブランド（商標）**がつけられて販売されています。**ブランド**はもともと他社商品と区別し出所を明らかにするためのものでしたが、今日では**ブランド**自身が**資産価値**（**ブランドエクイティ**）を持つようになりました。**ブランドイメージ**の形成、普及、定着、維持、向上のために適切なブランド政策を行うことが、小売業のプロダクト（**マーチャンダイジング**）において重要です。

（1）ブランドの定義

ブランドと**商標**は、次のように定義されます。

ブランド	一企業、またはそのグループの商品・サービスであることを識別するため、また、その競争者のそれとはっきり区別するための名称、用語、記号、標識、またはデザイン、あるいはそれらの組み合わせ。商標より広い概念
商　標	業として商品、または役務の生産、証明、譲渡、提供を行っている者が、その商品、または役務について使用する文字、図形、記号、立体的形状、もしくは色彩またはこれらの結合、音その他政令で定めるもの。狭義には商標登録されたもののみを意味する

また、「言葉として表現されたブランドの部分で、**発音可能なもの**」を**ブランドネーム**、「シンボル、デザイン、色、レタリングなどで表現された発音できないブランドの部分」を**ブランドマーク**といいます。

ブランドは、自社の商品を消費者に**認知**してもらうとともに、品質に**責任**を持ちます。

なお、ブランドは象徴的な価値を持つことに意味があります。

（2）ナショナルブランド（NB）とプライベートブランド（PB）

ブランドの所有者がメーカーであるものをナショナルブランドと呼びます。流通業が自分の意思と責任で主体的に商品を企画・生産し、販売するブランドをプライベートブランドと呼びます。プライベートブランド商品は、小売業に開発コストや製造物責任が生じるデメリットがありますが、高い利益率の確保や他店との品ぞろえの差別化といったメリットがあります。

（3）統一ブランドと個別ブランド

一つの企業の商品すべてに同じブランドをつけている場合は、統一ブランド、あるいはコーポレートブランドと呼びます。ある企業の製品のうち、いくつかの製品群にまたがるグループに共通したブランド名をつける場合は、カテゴリーブランド、あるいはファミリーブランドと呼びます。一つひとつの商品アイテムにブランド名をつける場合は、製品（商品）ブランドと呼びます。

（4）ブランドの機能

ブランドは次のような機能を持っています。

識別機能	他の企業の商品と識別できる
出所表示機能	誰がその商品を生産したかがわかる
品質保証機能	ブランドが品質を保証する
象徴機能	商品を差別化することができる
情報伝達（広告）機能	ブランドそのものが広告機能を持つ
資産機能	無形資産としての価値を持つ

プライベートブランド（PB）は、なぜ安く販売できるのですか。

PBは、小売業者がメーカーに製造委託した商品を、小売業者が全数買い取ります。責任をすべて小売業者が負うため、安く買い取ることができるのです。

展開

消費者がブランドに対して思い浮かべる印象のことを、ブランドイメージという。

Let's Try 一問一答

○×問題に答え、正解したらチェックマーク☑を入れましょう

□ ①　小売業におけるプレイスとは、流通チャネルを表す。

□ ②　小商圏地域に立地した小売業者であっても、買回品、専門品を中心とした差別的セグメントを狙うべきである。

□ ③　ブランドとは、他社商品と区別し出所を明らかにするためだけに冠されている。

□ ④　言葉として表現されたブランドの部分で発音可能なものをブランドネームという。

□ ⑤　一つひとつの商品アイテムにブランド名をつけることを、ファミリーブランドと呼ぶ。

□ ⑥　ブランドの資産機能とは、ブランドを冠した商品が市場で容易に売買が可能なことを指している。

【解答・解説】

①×　小売業におけるプレイスとは、店舗を構える立地選定と出店に伴う店舗開発をいう。／②×　小商圏地域に立地した小売店は、最寄品、消耗品を中心に販売する無差別的セグメントをターゲットとする。／③×　今日ではブランド自身が象徴的な意味を持ち、資産価値を持っている。／④○　／⑤×　製品（商品）ブランドである。／⑥×　ブランドの資産機能とは、企業にとってブランドが無形の資産としての価値を持つことをいう。

LESSON 2

Check!

マーケティング・ミックス（プライス、EDFP：エブリデイフェアプライス）

学習のPOINT

頻出度 ★

価格設定の方式は、原価を基準にするものと市場（競争商品や代替商品、顧客の心理）を基準にするものに大きく分けられる。今日ではさまざまな方式を組み合わせて価格設定を行う。

1 価格設定の方式

競争店より高い価格帯に設定する方式もあるのですね。

そうです。高く売れればそれだけ利益も大きいですね。でも、高く売るためには、商品、販売技術、人的サービスなどの面で相当なノウハウが必要になります。

小売業の価格は、原価を基準として設定する方式と、**市場**を基準として設定する方式に分けられます。小売業は、この２つを基準にしながら、さまざまな方式を組み合わせて、売価を設定しています。

（1）原価に基づく方式

原価に基づく価格設定に、**コストプラス法**があります。過去の実績や慣習でマージン（値入）率を決めておき、原価にマージンを上乗せして価格を設定します。売上変動が小さい商品に採用されることが多く、マージン（値入）率は商品ごとに異なります。

（2）競争商品や代替商品の価格を基準にする方式

競争商品や代替商品の価格を参考にして決める方式です。商品差別化状況や価格競争状況、販売能力によって、相対的に高い価格や低い価格を設定します。寡占市場における**プライスリーダーシップ**（**価格先導制**）は競争商品の価格に基づく価格設定の方式です。

（3）顧客の購買心理に働きかける方式

①名声価格

客観的評価が難しい品質や性能にこだわる高級衣料品やアクセサリーなどに高価格を設定します。価格を低下させると需要量も低下することがあります。

②慣習価格

缶コーヒーやガムなど、**社会的慣習**によって形成されている売価もあります。たとえば200円の高級缶コーヒーを開発しても思うように市場に受け入れてはもらえないでしょう。

③端数価格

端数価格とは、1,000や150などの区切りのいい数字ではなく、末尾を９や８などで統一し、売価を少し低めの**半端な数字**にして、買い求めやすい印象を与える価格のことです。小売業では、エブリデイロープライスをうたう場合、末尾を９にする売価を設定することが多く、そのイメージに合わせた**商品構成**や売場づくりを行っています。

④ドロシーレーンの法則

特定少数の商品価格を大幅に下げるのではなく、売場スペースのうち**一定割合**の商品を少しずつ安くすると、全体的に安いというイメージを顧客に与えることができます。これを**ドロシーレーンの法則**といいます。

- 100品目中18％の商品を安くしたら85％の顧客が「安い」と感じる
- 100品目中30％の商品を安くしたら95％の顧客が「安い」と感じる
- 100品目中48％の商品を安くしたらほとんどの顧客が「安い」と感じる

（4）商慣行に基づく価格設定の方式

①仕入先企業（メーカー）から示される場合

業界の慣行にしたがって、メーカーから示される価格を設定します。広域エリアで標準的価格が設定される傾向にあるため、小売業は、品ぞろえやサービスで差別化する工夫が求められます。

②顧客の価格情報収集能力で決まる場合

顧客に知れ渡っている市場価格概算価格を設定します。小売業による価格の設定の自由度が制限されます。

③初回値入率で決まる場合

業界慣習の初回値入率や利益目標達成の初回値入率を用いて価格を設定します。商品ごとに値入率の高低をコントロールし、全体で利益目標を達成するようにします。

（5）競争店に対応できる方式

競争店に対抗できる価格設定には、①競争店に接近した価格帯、②競争店より低い価格帯、③競争店より高い価格帯があります。低い価格帯を設定するときは、ローコスト・ローマージンを補うために、大量販売の体制や**ローコストオペレーション・システム**の確立が必要です。価格帯を高く設定するときは、競争店との価格差は**サービス**によって補います。

（6）仕入に応じた流動的価格設定の方式

野菜や鮮魚などの生鮮食品などがこれに当たります。相場に左右されるため、常に流動的な価格になります。安く仕入れられるときほど、大量に売り切ることが利益の確保につながります。

（7）政府の方針に基づく価格設定の方式

タクシー料金、石油価格など、公共性の強い商品やサービスが対象となっていて、次のような分類があります。

- 政府が直接価格を決定して業界にしたがわせるもの
- 政府が業界団体を指導し、間接的にしたがわせるもの
- 独占禁止法などの法律に基づき、間接的にしたがわせるもの

2 売価決定

（1）最終売価の決定方法

最終売価を決定する場合、コストを重視して、**仕入原価**や販売コストに利益を加える方法と、**市場動向**を重視する方法があります。市場動向を重視する方法には、競争店よ

り低価格にする方法と、顧客の志向に合った価格にする方法があります。

コストを重視	仕入原価や販売コストに利益を加える
市場動向を重視	競争店より低価格にする
	顧客の志向に合った価格にする

（2）価格体系の決定

商品カテゴリー別に、価格ゾーン（上限価格と下限価格）と販売の中心となる価格帯を決めます。

（3）売価変更の決定

顧客動向や競争環境を考慮して、値上げ、値下げ、値引き、見切りなどの**タイミングと金額**を決めます。売価変更の金額を決める場合、商品カテゴリー（品種）全体の利益変動を考える必要があります。売価変更のタイミングを誤ると、商品ロスの発生などにより**粗利益の減少**や**商品力の低下**などにつながります。**見切りや値下げ**は、著しく粗利益を減少させる結果を招くため、販売計画にしたがい実行することが重要です。

3 価格競争に関する法規制

独占禁止法で禁止されている行為について、**公正取引委員会**は「流通・取引慣行に関する独占禁止法上の指針」などを公表して、防止努力をしています。

■価格競争の法規制

カルテル行為、不当廉売、拘束条件付取引	
競争阻害行為	再販売価格維持行為、非価格制限行為、リベートの供与、流通業者の経営に対する不当な関与
優越的地位の濫用	押付け販売、返品、従業員などの派遣要請、協賛金などの負担要請、多頻度小口配送などの要請

4章　マーケティング

用語

カルテル行為
複数企業が結託して価格を上げたり下げたりする行為。

不当廉売
安値で販売して弱い競争業者を追い込む行為。

拘束条件付取引
メーカーが小売業の仕入先を指定する行為。

要点マスター

競争店に対応できる価格設定

競争店に接近した価格帯	競争店の価格帯に自店の価格を近づけ、その差をサービスによって補う
競争店より低い価格帯	競争店の調査を綿密に行い、競争店よりも絶えず低い価格をつける。熾烈な価格競争を行う量販店業界でみられる
競争店より高い価格帯	経営方針や業態の違いを前提とする価格設定。競争店より高品質・高サービス政策でその差を補う

Let's Try 一問一答

○×問題に答え、正解したらチェックマーク☑を入れましょう

□	①	競争店と戦うためには、競争店よりも必ず安い価格帯を設定する必要がある。
□	②	慣習価格がある商品では、価格を安くしてもあまり売れないので、できる限り高い価格を設定するとよい。
□	③	端数価格は、エブリデイロープライスを主張する小売店で多く使われている。
□	④	ドロシーレーンの法則とは、特別に安い価格を設定した商品が売上の80%を占めることをいう。
□	⑤	仕入に応じた流動的価格設定は生鮮食品が対象となる。
□	⑥	最終売価を決定する場合、市場動向を重視する方法の一つに、競争店より高価格にする方法がある。
□	⑦	売価変更の金額を決める場合、変更した金額の商品のみの利益だけを考えればよい。

【解答・解説】
①×　競争店に接近した価格帯や、競争店より高い価格帯も設定可能。／②×　慣習価格がある商品は高い価格を設定すると極端に売上が落ちるので慣習価格近辺に価格を設定する。／③○　／④×　すべての商品の価格を引き下げなくても消費者が「安い」と感じる価格設定があるとする法則。／⑤○　／⑥×　競争店より高価格ではなく、低価格にする方法である。／⑦×　商品カテゴリー全体の利益変動を考える必要がある。

LESSON 3

マーケティング・ミックス（プロモーション）

Check!

／ ／ ／

頻出度 ★★

学習のPOINT

プロモーション（リージョナルプロモーション）には、来店促進策（Pull戦略）、販売促進策（Push戦略）、購買促進策（Put戦略）がある。

1 リージョナルプロモーション

小売業のプロモーションは、限定された商圏内の特定顧客を対象とするリージョナルプロモーション（売場起点の狭域型購買促進）です。

2 3P戦略とは

リージョナルプロモーションには、店内に呼び込む来店促進策（Pull戦略、アトラクティブ・プロモーション）、店内で売り込む販売促進策（Push戦略、インストアプロモーション）、店内で手に取らせる購買促進策（Put戦略、スペースマネジメント）の３つがあります。

■リージョナルプロモーションの体系

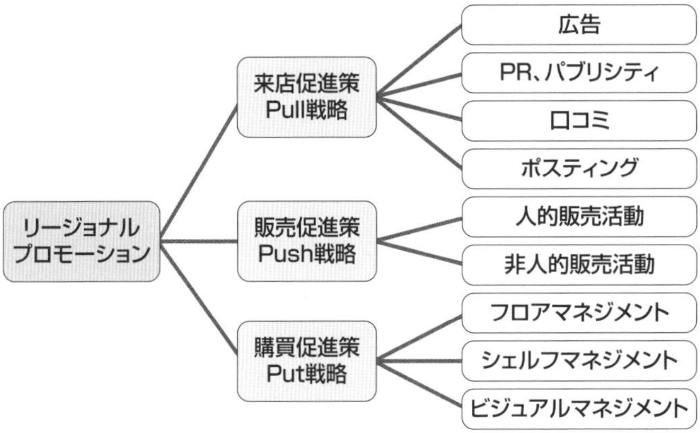

3 インストアプロモーションの概要

インストアプロモーションとは、入店した顧客に向け、商品の購買を促すために行う店内での**販売促進活動**のことです。具体的には、接客や催事（イベント）など販売員が顧客と接する人的販売と、プレミアム（景品）やサンプル（試供品）を提供する非人的販売があります。プレミアムには、添付プレミアム、売場プレミアム、応募プレミアム、クーポン式プレミアムがあります。

添付プレミアムは買った人全員に渡します。売場で渡すのが売場プレミアム、応募者から抽選や先着で渡す応募プレミアム、景品と引き換えるクーポンを渡すクーポン式プレミアムがあります。

■インストアプロモーションの具体例

人的販売活動
①イベント
②コンテスト
③消費者教育

非人的販売活動
①プレミアム（添付プレミアム、売場プレミアム、応募プレミアム、クーポン式プレミアム）
②サンプル提供

4 スペースマネジメント

商品の陳列位置を工夫し、特定の陳列位置において**売上**と**利益**の**最大化**を図る店頭技術が、スペースマネジメントです。スペースマネジメントには、フロアマネジメントとシェルフマネジメントがあります。

補足

クーポン式プレミアムは、通常の値引きと異なり、対象商品のブランドイメージを傷つけることが少なく、買いだめも防げるなど、小売店とメーカーの双方にとってメリットがある。

（1）フロアマネジメント

フロアマネジメントは、フロアゾーニングの1手法であるパワーカテゴリーの配置やビジュアルマーチャンダイジングなどの役割を担います。主通路と副通路の**効率比較**やゴンドラエンド位置の評価などを心理的観点から分析し、望ましいレイアウトを構成します。

（2）シェルフマネジメント

シェルフマネジメントは、カテゴリー（ゴンドラ）を単位として、フロアレイアウトの手法であるフェイシングやプラノグラム（棚割）などの役割を担います。

①ゴンドラ構成の手順

- カテゴリー単位で**商品構成**を行う。
- カテゴリーごとにテーマを設定し**グルーピング**を行う。
- ゴンドラごとの**単品**（SKU）を厳選する。
- 単品を組み合わせて効果的な**棚割表**を作成する。
- POP広告を特定単品につけて比較訴求する。

②フェイシング

フェイシングとは、グルーピングされた個々の品目を、**垂直**に何段、**水平**に何列ディスプレイするかを決めることである。垂直型ディスプレイの方が、どの品目も一部はゴールデンゾーンに置くため、効果的といわれている。

展開

スペースマネジメントのメリットには、次のようなものがある。

- 店頭在庫を削減できる。
- 売れ筋商品の欠品を減少できる。
- 作業コストを削減できる。
- 棚割表作成の時間を短縮できる。
- 本部と店舗とのコミュニケーションを改善できる。
- 売場リセット（改善・補充）の効率化を図ることができる。

要点マスター

客購買単価の構成

買上金額の決定要因	①導線距離（ゾーニング）	×	②立寄率（レイアウト）	×	③注目率（ディスプレイ）	×	④買上率（商品力）
	・売場の魅力向上 ・動きやすい主通路の設計		・売場内の位置 ・陳列スペースの広さ ・商品の演出性 ・商品のくくり（わかりやすさ）		・価格の訴求度（買いやすさ） ・商品の選択性（選びやすさ）		・商品の魅力度（食感、新鮮さなど） ・商品の取りやすさ
↕	↓ ①心理的な抵抗感をなくし、いかに店内をくまなく回遊してもらえるか		↓ ②店内を回遊する中でどれだけ多くのコーナーに立ち寄ってもらえるか		↓ ③立ち寄った中でどれだけ多くの商品に注目してもらえるか		↓ ④注目した中でどれだけ多くの商品を買ってもらえるか
客購買単価（買上金額）＝	⑤買上個数	×	⑥商品単価				
	↓ ⑤どれだけ多くの商品を買ってもらえるか		↓ ⑥どれだけ商品単価（または粗利益率）の高い商品を買ってもらえるか				

（参考：「販売士ハンドブック〈応用編〉」日本商工会議所・全国商工会連合会編）

Let's Try 一問一答

○×問題に答え、正解したらチェックマーク☑を入れましょう

□	①	リージョナルプロモーションの来店促進策・販売促進策・購買促進策を、3P戦略ということがある。
□	②	シェルフマネジメントは、来店促進策の一つである。
□	③	試供品のことをプレミアムという。
□	④	クーポン式プレミアムは、対象商品のブランドイメージを傷つけ、買いだめを促進することがある。
□	⑤	フロアマネジメントでは、主通路と副通路、ゴンドラエンド位置などを作業的観点から分析し、望ましいレイアウトを構成する。
□	⑥	最寄品などを扱う小売店では、どの品目も一部はゴールデンゾーンに置くことができる、垂直型ディスプレイが効果的である。

【解答・解説】
①○　／②×　シェルフマネジメントは、購買促進策の一つである。／③×　試供品はサンプルという。／④×　通常の値引きと異なり、商品のブランドイメージを傷つけることが少なく、買いだめも防げる。／⑤×　主通路と副通路の効率比較やゴンドラエンド位置の評価などを心理的観点から分析する。／⑥○

LESSON 4

商圏分析の立案と実施方法

Check! ／ ／ ／

頻出度 ★★★

学習のPOINT

顧客になり得る消費者層に的を絞り効果的なマーケティングを行うためには、商圏を明確に把握し設定することが必要となる。商圏の種類と商圏調査の方法をしっかり押さえることが重要である。

1 商圏の設定

（1）商圏の特性

商圏とは、ある店舗や商業施設からみて来店客が存在し得る地理的な範囲のことであり、距離や来訪するための所要時間などで表されます。店舗や商業施設ごとに商圏は存在します。一般的に最寄品を扱う小売店の商圏は狭く、買回品を扱う小売店の商圏は広くなります。

①商圏の把握

商圏を把握するための主な考慮要素として、次の５つがあります。

アクセス上の要因	鉄道・バス・道路などの交通アクセス
競争上の要因	自店と競争関係にある都市・地区店の分布状況
地理的要因	河川・山・森林・田畑・工場群
社会生活要因	中学校の学区、公民館の区域、病院など人が集まる機関の有無
心理的要因	生活行動・習慣・大きな都市への指向性等

②商圏の種類

商圏には、**顕在的商圏**と**潜在的商圏**とがあります。

■商圏の種類

顕在的商圏	顧客が来店する地理上や時間上の範囲
潜在的商圏	新たな顧客となる可能性を持つ範囲

商圏を設定することで、顧客になり得る消費者層に的を絞り、効果的なマーケティング活動を行うことができます。

用語

集中戦略
自社の得意とする特定の細分化した市場や商品群に、経営資源を特化させる競争戦略。

補足

家電品・紳士服・玩具などの特定の分野に取扱い商品を絞った小売業業態をカテゴリーキラーという。

（2）商品政策と集中戦略

ある商品分野の全体市場を、その市場を構成する消費者の行動基準やニーズなどの類型に基づいて、小規模市場単位に区分するのが**市場細分化**です。

細分化された**特定市場の顧客**をターゲットとし、当該顧客のニーズに対応して集中的に**経営資源**を投入してマーケティング活動を実行するのが**集中戦略**です。カテゴリーキラーと呼ばれる小売形態は、この戦略を取っています。

商品政策の一つとして、品ぞろえの幅を絞り込むことを**専門化**、逆に幅を広げることを**総合化**といいます。

2 商圏調査の方法

（1）商圏調査の目的

商圏調査の基本的な目的は、その立地で小売業の経営が成功するかどうかを判断することなので、次のような定量的・定性的要素を調査・分析します。

■商圏調査の目的

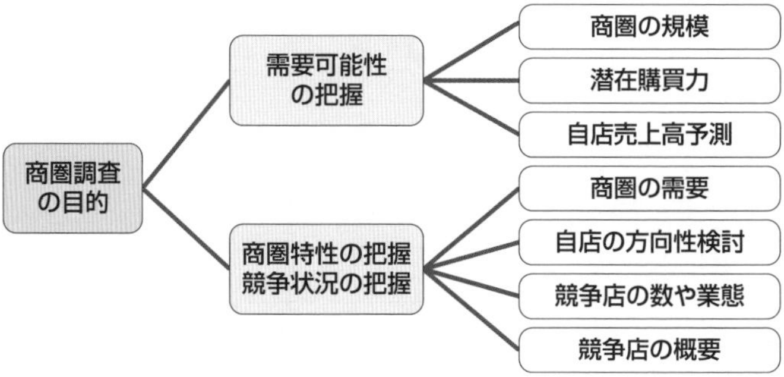

（2）商圏調査の手順

商圏調査は、次のような手順で行います。

第一段階：既存資料の収集

・居住者の属性、交通状況、顧客の吸引の条件などの資料収集

第二段階：商圏の想定

ハフモデル、ライリーの法則➡P.160

・**ハフモデルやライリーの法則**等を活用

第三段階：実地調査

・通行量調査や競争関係の調査

要点マスター

商圏を把握するための５つの要素

①アクセス上の要因（交通機関の便数など）
②競争上の要因（競合店の分布状況など）
③地理的要因（河川や山など）
④社会生活要因（人が集まる施設の有無など）
⑤心理的要因（個人の生活パターンなど）

Let's Try 一問一答

○×問題に答え、正解したらチェックマーク☑を入れましょう		
□	①	一般的に、買回品を扱う小売店の商圏は狭く、最寄品を扱う小売店の商圏は広くなる。
□	②	商圏を把握する上で考慮する必要がある地理的要因には、中学校の学区、公民館の区域、病院・医療機関など人の集まる施設や機関などがある。
□	③	小売業における商圏設定のねらいは、顧客になり得る消費者層に的を絞り、効果的なマーケティング活動を行うことにある。
□	④	品ぞろえの幅を広げることを総合化、狭めることを専門化という。

【解答・解説】
①×　買回品を扱う方が商圏は広く、最寄品を扱う方が狭い。／②×　地理的要因ではなく社会生活要因のことである。／③○　／④○

LESSON 5

Check! ／ ／ ／

出店戦略の立案と実施方法

学習のPOINT

頻出度 ★★

小売業にとって、出店は企業の存続や成長を支える源である。業種・業態に即してどのような戦略を取るべきか、その出店形態や立地選定はどうあるべきか、立案と実施方法を学ぶ。

1 立地調査による立地選定

立地選定をするには、商圏を設定し、商圏内の人口や購買力、近隣都市間の購買力の移動、競争条件などを調査する必要があります。

調査に当たっては、次のような指標や商圏モデルの考え方を活用します。

(1) 小売中心性指標

都市の人口１人当たりの小売販売額と、その地域を含む県内の１人当たりの小売販売額を比較して求めた、他の都市から購買力を呼び込む度合いのことです。前者＞後者であれば、その都市に購買力が**流入**していることを表します。前者＜後者であれば、その都市から購買力が**流出**していることを表します。

(2) ハフモデル

小売業の顧客吸引に関するモデルで、都市内の商業施設が顧客を奪い合っている状況の中で、ある地域の消費者がどの商業施設を利用するかという確率を示す指標です。これは、「品ぞろえの多い大型の店、近い店を消費者は好む」という傾向から考え出されました。

(3) ライリーの法則

「A、B２都市の近郊に位置する地域から、A、Bそれぞれがどれだけ顧客を引き付けるかは、AとBの人口に比例し、A、Bそれぞれの都市への距離の二乗に反比例する」という法則です。

2 大規模小売店舗立地法の規制

大規模小売店舗立地法は、**地域住民の住環境**と**大型店との調和**を図るための法律です。地域住民の住環境保持のために、大型店に対して、営業時間や駐車場･駐輪場の設置･廃棄物処理、騒音対策などを規制します。

■大規模小売店舗立地法の概要

対象	店舗面積1,000㎡を超える大型店
調整対象事項例	・駐車場、駐輪場、荷さばき施設、廃棄物等の保管施設、廃棄物の処理施設などに関して配慮すべき事項 ・騒音の抑制のために配慮すべき事項
運用主体	都道府県、政令指定都市

3 出店戦略の立案と実施方法

（1）出店戦略の方法

出店戦略の方法には、大別して、「ドミナント型出店（狭域集中型）」と「大型拠点型出店（広域分散型）」があります。

ドミナント型出店とは、特定地域での店舗の高密度化を意図的に推進することによって知名度を上げ、競争優位性を獲得するエリアドミナント戦略に基づき計画的・継続的に出店を行うことです。

大型拠点型出店とは、特定地域に超大型店舗をつくり、品ぞろえの豊かさなどの圧倒的パワーで、広範な地域から顧客を吸引し、競争優位性を獲得する戦略に基づく出店方式です。デパートや大型ショッピングセンターなどが該当します。資本の少ない中小小売店にとっては自社で大型拠点型出店を行うのは困難なので、大型ショッピングセンターのテナントとして入居し、その客層をねらった業態を開発するという戦略が考えられます。

展開

ドミナント型出店のメリットとして物流コストの低減（距離的近さによる）、商品の速やかな店舗間調整、地元密着の親近感醸成、スーパーバイザー（店舗指導者）の巡回効率化などがある。

よくある質問

Q ドミナント型出店を成功させるポイントは何ですか？

A 小売業の出店戦略を基本的な手順に沿って計画的に行うことが必要です。そして、出店計画の策定においては、次のような点に留意すべきです。

①ドミナント型出店が可能なエリアを探し、その商圏内に計画的･継続的に出店する。
②エリア内での占有率を確保する。
③店舗の標準化を図る（店舗規模・売場面積、レイアウトや品ぞろえ等売場づくり、店舗運営方法）。

標準化を基本として、仕入や販促面で部分的に「個別対応」を入れて成功している例もあります。

4 出店立地エリアの分類

出店立地エリアには、ダウンタウン（繁華街）、アーバン（都市エリア）、イクサーブ（都市エリアと住居エリアが混在）、サバーブ（住居の際エリア）、ルーラル（自然豊かなエリア）があります。

■商圏立地の分類

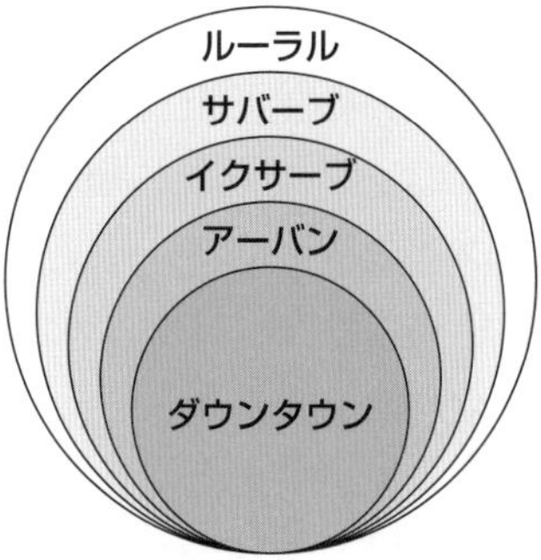

Let's Try 一問一答

○×問題に答え、正解したらチェックマーク☑を入れましょう

□ ① 小売中心性指標とは、都市の人口１人当たりの小売販売額と、その地域を含む県内の１人当たりの小売販売額を比較して求めるもので、都市の額の方が大きければ、その都市に購買力が流入しているといえる。

□ ② ライリーの法則とは、「消費者は大きな店舗へ足を向けやすい。ただし、近い方がよい」という傾向をもとに考えられた代表的な商圏モデルに関する法則である。

□ ③ 大規模小売店舗立地法は、地域中小小売業を保護するための法律である。

□ ④ ドミナント型出店とは、特定地域に巨艦型店舗をつくり、その圧倒的なパワーをもって広範エリアから顧客を呼ぶ戦略である。

□ ⑤ ドミナント型出店には、距離的近さによる物流コストの低減というメリットがある。

□ ⑥ 大型拠点型出店のねらいは特定地域の店舗の高密度化を意図的に推進することによって、当該チェーンストアの知名度を高めるとともに、競争他店を寄せ付けない優勢な地位を獲得・維持することである。

□ ⑦ 出店立地エリアのうち、ダウンタウンは自然豊かなエリアである。

【解答・解説】
①○　／②×　ハフモデルの説明である。／③×　大規模小売店舗立地法は、地域住民の住環境と大型店との調和を図る法律である。／④×　大型拠点型出店の説明である。／⑤○／⑥×　ドミナント型出店の説明である。／⑦×　ダウンタウンは繁華街。自然豊かなエリアはルーラルである。

LESSON 6

マーケティングリサーチの実施方法

学習のPOINT

頻出度 ★★

Check! ／ ／ ／

市場環境は日々変化し、常にその変化を察知しなくてはならない。マーケティングリサーチは、そのために行うものであり、調査の種類や進め方とともに、データの情報源についても押さえておく。

1 市場調査とは

市場調査とは、マーケットリサーチとマーケティングリサーチとを統合した調査です。

（1）マーケットリサーチとマーケティングリサーチの違い

マーケティングの調査には、マーケットリサーチ（狭義の市場調査）と、マーケティングリサーチがあります。

■マーケットリサーチとマーケティングリサーチ

マーケットリサーチ	・現在の市場動向が対象 ・数字で統計的に把握する ・現在のマーチャンダイジングに活かす
マーケティングリサーチ	・潜在的なニーズやウォンツが対象 ・アンケート回答などで国語的に把握する ・将来の市場動向を予測する

（2）市場調査の進め方

市場調査は、次の２種類に分類できます。

①資料分析	すでに存在しているさまざまな資料を用いて行う方法 内部資料：POSデータなど 外部資料：官庁の統計資料など
②市場実査	市場から直接情報を収集してくる方法

小売業が要求する市場の情報は、既存資料からすべて得られるわけではないので、実際に市場からデータを収集することが必要であり、その活動を**市場実査**といいます。市場実査の種類と方法には、次のものがあります。

■市場実査の種類

定量調査と定性調査	**定量調査**　数値化できるデータの収集 **定性調査**　数値化できないデータの調査
動機調査とパネル調査	**動機調査**　行動した理由の調査。尺度法や投影技法、集団面接法、深層面接法などがある **パネル調査**　被調査者を固定して、一定期間同じ質問を繰り返す、回答変化の調査

■市場実査の方法

質問法	**面接法**　対象者に調査員が直接面接し、調査票に回答を記入する方法 **郵送法**　調査票の配布に郵便を活用する方法 **電話法**　被調査者に電話をかけて聞き取る方法 **Web法**　Web画面上に質問票と回答票を表示し、回答を送信してもらう方法
観察法	実際の行動や状況をありのままに観察することによって情報収集する方法。質問法と併用されることが多い
実験法	何らかの実験を行い、情報を収集する方法 例：陳列の変更前後の顧客の反応を比較し、効果的な陳列方法を探る

市場実査は①企画→②設計→③実査→④回収→⑤入力→⑥集計→⑦分析→⑧提案の手順で実施します。

①企画で被調査者を選ぶときには、サンプリングという方法が取られます。これは、全体（母集団）の中から全対象者を代表するにふさわしい特定の人（サンプル）を抽出し、それらの意見から全体像を探ろうという方法です。全体をブロックに区分しながら抽出する方法を多段抽出法といいます。

⑤入力では、回答をコード化して入力を簡単にします（コーディング）。⑥集計では、単純集計（グランドトータル）やクロス集計をします。⑦分析では、**多変量解析**が用いられ、**クラスター分析**や**回帰分析**が行われます。

2 資料分析の情報源

マーケティングのデータ源には、営業数値・業界データなどの社内資料とともに、政府機関が公表している経済指

用語

多変量解析
多数の項目の変化を分析・要約して目的のもとに統合する手法。

クラスター分析
多数のデータを、特性値によって、いくつかのグループに分類する手法。

回帰分析
片方の変数の変動を、他の変数の変動で説明する統計手法。たとえば y=ax+b の場合、yの変動をxの変動で説明している。

標が有用です。エリア・データの情報源として活用されている主な経済指標の特徴は次の通りです。

■主な経済指標の特徴

家計調査	・総務省統計局が毎月調査を実施 ・世帯の支出の仕方が、収入・世帯人数・年齢・職業など世帯の属性によってどのように異なっているかがわかる ・需要予測、商圏調査、販売計画立案やマーケティング計画などに利用される
商業統計調査	・経済産業省が、すべての卸売・小売業を対象として、販売活動等の実態を明らかにする ・エリアの競争状況や総需要（潜在購買力）を把握するデータとして有効 ・現在は経済構造実態調査と経済センサスに統合されている
人口統計	・人口は、社会経済現象を見る上で重要な要素の一つであり、マーケティング戦略の基礎資料として欠かすことのできないデータ 主な３つの人口統計 ・国勢調査（総務省） ・住民基本台帳による人口（総務省） ・人口動態調査（厚生労働省）

Let's Try 一問一答

○×問題に答え、正解したらチェックマーク☑を入れましょう		
□	①	マーケットリサーチでは、潜在的なニーズやウォンツを対象にする。
□	②	市場実査の方法としては、仮定法・観察法・実験法の３つがある。
□	③	観察法とは、実際の行動や状況をありのままに観察することによって情報収集する方法である。
□	④	実験法とは、何らかの実験を行い、情報を収集する方法である。
□	⑤	面接法とは、対象者に電話をかけて聞き取る方法である。
□	⑥	被調査者を選ぶときには、サンプリングという方法が取られる。
□	⑦	家計調査は、世帯の実態を明らかにするために５年ごとに行われる国の最も基本的な統計調査である。

【解答・解説】

①×　マーケットリサーチでは、現在の市場動向を対象にする。／②×　仮定法ではなく、質問法である。／③○　／④○　／⑤×　対象者に調査員が直接面接し、調査票に記入する方法である。／⑥○　／⑦×　世帯の収入と支出を調べるため、毎月実施しているものである。

LESSON 7

リージョナルプロモーションの企画と実践

学習のPOINT

頻出度 ★★★

Check! ／ ／ ／

リージョナルプロモーション企画の基本的な手順を押さえた上でリージョナルプロモーションをコミュニケーションプロセスとしてとらえ、さまざまな広告の特性を活かして効果的に活用することが重要である。

1 マス媒体広告

リージョナルプロモーションの中で、マス媒体広告は、アトラクティブ・プロモーション（Pull戦略、来店促進策）の一つです。従来から利用されているマス媒体広告には、新聞、雑誌、テレビ、ラジオがあります。

（1）広告目的の設定

広告目的は、情報提供型、説得型、想起型に分類されます。

■広告目的の分類

情報提供型	新商品や商品の説明、誤解を解く、イメージ構築
説得型	ブランド選好や信用度を高める、抵抗感を減らす
想起型	商品の存在や必要性、販売場所を認知させる

（2）その他のマス媒体広告

新聞、雑誌、テレビ、ラジオ以外のマス媒体広告には、ダイレクトメール（DM）広告や新聞折込広告、OOH（自宅外）メディア広告、インターネット広告があります。

■その他のマス媒体広告

ダイレクトメール（DM）広告	・郵便や宅配メールなどでターゲットに直接メッセージを伝える ・ターゲットに合わせて内容を変えることができる	
新聞折込広告	・地域セグメンテーションが可能で、店舗での特売広告などに有効 ・パソコンや携帯電話に配信することができる	
OOH（自宅外）メディア広告	交通広告	電車や駅、バスやバス停、空港などにある広告
	屋外広告	広告塔や広告板、ポスター、パネル、大型映像ボード等

展開

広告計画の立案プロセスは下図のようになる。

地域環境の分析
↓
広告目的の設定
↓
広告目標の設定
↓
広告ターゲットの決定
↓
広告コンセプトの設定
↓
表現戦略の決定
↓
メディアプランニングの立案
↓
出稿パターンの決定

インターネット広告	・高度なターゲティングや多様な広告表現が可能 ・インプレッション数（表示回数）やクリック数で顧客の反応がわかる

（3）ビッグデータとIoTの活用

インターネット上にある、事業に役立つ知見を導出するための大量のデジタルデータを**ビッグデータ**といいます。ビッグデータを用いて社会・経済の問題解決や、業務の付加価値向上を行う、あるいは支援する事業を**ビッグデータビジネス**といいます。

■ビッグデータの例

ソーシャルメディアデータ	参加者のプロフィールやコメント等
マルチメディアデータ	動画や画像、音声等
ウェブサイトデータ	ECサイトの購入履歴やブログ記事等
カスタマーデータ	DMなどの販売促進データや会員データ
センサーデータ	GPS、ICカード等による位置、乗車履歴、温度、加速度等
オフィスデータ	オフィス文書や業務メール等
ログデータ	アクセスログやエラーログ等
オペレーションデータ	POSデータや取引明細等の業務データ

身の回りのあらゆるモノがインターネットやクラウドでつながることを**IoT**といいます。たとえば、スマートフォンや自動車の位置情報をセンサーで取得し、インターネットに送って処理し、目的地までナビゲーションするサービスなどはIoTで実現しています。

2 人的販売活動と非人的販売活動

リージョナルプロモーションの中で、人的販売活動と非人的販売活動は、インストアプロモーション（Push戦略、販売促進策）の一つです。

（1）人的販売活動

販売員などが、顧客に人的に働きかける販売活動です。店内の催事（イベント）や消費者コンテスト、消費者教育などは人的販売活動です。

（2）非人的販売活動

プレミアム（景品）やサンプル（試供品）の提供などで、顧客に非人的に働きかける販売活動です。

■プレミアムの分類

添付プレミアム	商品に添付され、購入者全員がもらえる総付けプレミアム **パックイン方式**　プレミアムがパッケージに同封されている **パックオン方式**　プレミアムがパッケージと別に添付されている
売場プレミアム	売場で商品に付けて手渡すプレミアム
応募プレミアム	購入者のうち、応募者全員または一部に提供するプレミアム
クーポン式プレミアム	商品に添付されたクーポンが一定数まとまると提供するプレミアム

3 商品のライフサイクルと販売の適合性

取扱い商品がライフサイクルのどの段階にあるのかを的確に読み取りながら、下記の表に示したように、適合したリージョナルプロモーション活動を展開していく必要があります。

商品のライフサイクル	ねらい	適した販売方法
導入期	商品の認知度を高め、どんな満足が得られるかを消費者にPRする	店頭での宣伝、 サンプル提供
成長期	競争激化に備え、販売チャンスロスを発生させない	商品の特徴や長所を的確に消費者に伝えるプロモーション、 接客の質を高める、 他店との差別化
成熟期	さらに激化する競争に対応してサポートサービスの質を高め顧客をリピーター化させる	値引きなどの延命策 品ぞろえを充実させ専門的アドバイスなどサポートサービスを充実
衰退期	早急に在庫処分する	値引き販売 見切り市の開催

最初は消費者に新しい商品を知ってもらうためにサンプルを配ったりするのですね。

その通り。消費者がある商品を知って購入に至るまでには、①Attention（注意）、②Interest（関心）、③Desire（欲求）、④Memory（記憶）、⑤Action（行動）のプロセスがあるとされています。これをAIDMA（アイドマ）の法則といいます。

4 スペースマネジメント

（1）スペースマネジメントの分類

リージョナルプロモーションの中で、スペースマネジメントは、インストアマーチャンダイジング（Put戦略、購買促進策）の一つです。

スペースマネジメントは、買上点数の増加による購買客単価の引上を目的とするものです。フロアマネジメントとシェルフマネジメントに分類されます。

■フロアマネジメントとシェルフマネジメント

フロアマネジメント	シェルフマネジメント
コーナー単位	棚単位
フロアゾーニングの一環	フロアレイアウトの一環
・パワーカテゴリーの配置 ・ビジュアルマーチャンダイジング	・フェイシング（商品の陳列面構成） ・スケマティック・プラノグラム

（2）買上点数の増加策

買上点数の増加策には、多品目を購入してもらう策と、同じ品目をまとめ買いしてもらう策とがあります。

■買上点数の増加策

多品目を購入してもらう	多品目を見てもらうための ・店内の導線距離を長くするゾーニング ・売場内での立寄率を高めるレイアウト ・特定商品の注目率を高めるディスプレイ ・買上率を高める商品力
1品目をまとめ買いしてもらう	・大量陳列 ・数量割引

5 インバウンド向けマーケティング

小売業がインバウンド（訪日外国人旅行者）を意識したマーケティングを展開する際の分析手法に３Ｃ分析があります。３Ｃ分析では顧客または市場（customer）→競争（competitor）→自社（company）の順で分析することで、ビジネス成功の仮説を導き出します。

■3C分析

顧客または市場 (customer)	・どこの国からの観光客が多いか？　何を目的に自地域に来るか？ ・現地の使用言語や季節、気候、習慣、宗教、流行などはどうか？
競争 (competitor)	・顧客は他にどの国や地域を観光しているか？ ・他国や他地域とどう差別化するか？
自社 (company)	・地域連携による情報発信や観光資源・宿泊施設整備 ・顧客地域向け多言語対応、売場表示、決済・通信環境の準備

Let's Try 一問一答

○×問題に答え、正解したらチェックマーク☑を入れましょう

- □ ①　交通広告はOOHメディア広告の一つである。
- □ ②　プレミアムの提供は、非人的販売の一つである。
- □ ③　成長期を迎えた商品は、販売競争が激しくなるため、小売業は、店頭での宣伝やサンプル提供・実演などを展開し認知度を上げることが必要である。
- □ ④　スペースマネジメントにより、来店頻度の向上が期待できる。

【解答・解説】
①○　／②○　／③×　店頭で主力商品の欠品を防止し、販売チャンスロスとならないようにすること、接客の質を高めて差別化することが必要である。／④×　スペースマネジメントは買上点数の増加による購買客単価の引上を目的とする。

LESSON 8

顧客維持と情報システムの活用

Check!

／ ／ ／

頻出度 ★★

学習のPOINT

顧客中心主義とは、顧客を真ん中に、それを包み込むようなかたちで自分たちのビジネスを展開することである。今日では、小売業にとって優良な顧客を特に優遇する仕組みが大切である。

1 顧客中心主義の考え方

商品が思うように売れなくなった今日、顧客の獲得をめぐって新たな競争が始まっています。その中で、**顧客を起点とした事業の仕組みを構築した小売業**は、安定した利益を生み出しています。

（1）顧客価値の重要性

顧客の意識は大きく変化しており、小売業は顧客を**“個”客**と識別し、次のような対応を行うことが重要です。

①どのような顧客を満足させるかを明確にする

②顧客を絞り込んで、その顧客のニーズへの対応を選択する

③とらえにくい顧客に対しては、自社・自店の強みを主張する

（2）顧客中心の円

今までの企業は**サプライチェーン・マネジメント**の構築などを通じて、販売機会ロス、在庫ロス、見切りロスなどが最小になるように努めていました。これからは「**顧客を中心として**」顧客を包み込むようなかたちで自分たちのビジネスを展開することが重要になります。

2 FSPの活用

これからの小売業は、顧客中心にビジネスを展開する方向に向かっています。しかし、すべての顧客を大切にするのではなく、自社・自店にとって優良な顧客を識別して特典を与えることが大切で、そのためのプログラムが**FSP**（Frequent Shoppers Program）です。

小売業界では、外的と内的の２面から大きな変化が起こっています。外的にはインターネットの普及など、内的には顧客の意識と行動に大きな変化が起こっています。

補足

顧客中心主義に対して、遠くにいる顧客の方を向いたかたちのビジネス展開を、顧客志向という。

展開

日本のサプライチェーン・マネジメントに対し、米国で90年代から行われた商品の企画から生産・物流・販売までをいかに効率よく推進するかという取組みのことをDCM（ディマンドチェーン・マネジメント）という。

（1）優良顧客への特典の強化

顧客を平等に扱うのではなく、次のような方法で**優良顧客**を優遇します。

①優良顧客の会員化を図る
②優良顧客に限り、特典サービスを強化する。
③一定期間の買上金額に応じてポイント率を変化させる。
④ポイント以外にも、特典の提供を強化する。

つまり、**一般顧客**にも使っていた販売促進費を**優良顧客**に回すことで、**優良顧客**の来店頻度の向上と、**客単価**の向上をねらいます。

（2）FSP成功の条件

FSPを成功させるためには、①プログラム自体を**単純化**する、②還元するのは**一部の顧客**だけにする、③**FSP中心**の購買促進を行う、ということが重要です。

3 CRMの基本的考え方

（1）CRMに向けた動き

CRM（Customer Relationship Management）とは、顧客関係性管理ともいわれ、**ワントゥワン・マーケティング**により、一人ひとりの顧客との関係性を管理します。日本の小売業においても、**デシル分析**により多段階の割引率を設定したり、プレゼントを贈るなどの**販売促進策**や、購入商品のカテゴリー分析によりそれぞれの顧客に適した**ディスカウント・クーポン券**を発行し**買上点数**の増加を図るなどの施策が行われています。また、店頭でどのカテゴリーにどれくらいのスペースを割くのかを決定するために、顧客の**商品カテゴリー別購買履歴**を活用することもできます。

（2）CRMの基本

CRMは、単独のシステムだけで実現できるものではありません。POSレジと連動した顧客カードを発行し、顧客の購買履歴を分析し、最終来店日、来店頻度、買上金額などを管理します。**データウェアハウス**、**プロファイリング**、

補足

今までの小売業は、優良顧客も一般顧客も同等のサービスを提供するという、顧客の平等化が一般的だった。小売業の利益を向上するためには、顧客や価格の平均化という常識を壊していくことが必要である。

用語

ワントゥワン・マーケティング
顧客一人ひとりの属性やニーズなどに合わせてマーケティングを実践していくこと。

デシル分析
たとえば、来店頻度の高い順に10通りに分割し、分析する手法。

プロファイリング
多くのデータに特徴的な類似性を見出すこと。

データマイニング
大量のデータを分析することにより、項目間の相関関係を見つけること。

デシル分析、そしてデータマイニングなどを活用することで、CRMは機能します。

要点マスター

FSPとCRMの特徴

FSP	CRM
・誰が優良顧客かを見極めて、優良顧客ほど優遇する ・ポイントだけの顧客サービスにこだわらない ・来店頻度・買上金額が落ちた顧客には優待のランクを下げる ・一般顧客に対する販売促進活動は廃止する	・顧客を理解して需要を創造する活動が重要 ・買上点数の増加を図る ・スペースマネジメントに活用できる ・顧客グループごとに異なる販売促進を行う ・顧客管理、商品政策、購買促進政策の確立が必要

Let's Try 一問一答

○×問題に答え、正解したらチェックマーク☑を入れましょう		
□	①	小売業において大切なことは、すべての来店顧客を満足させることである。
□	②	顧客志向と顧客中心主義はどちらも顧客を中心においた考え方である。
□	③	すべての顧客のワントゥワン・マーケティングを行い、来店頻度の向上を図ることをFSPと呼ぶ。
□	④	FSPでは、すべての会員の満足度を高めるための特典を強化する。
□	⑤	小売業はFSPを行いつつも、個別の販売促進を並行して行うことが望ましい。
□	⑥	CRMの具体的な分析手法にデシル分析がある。
□	⑦	CRMでは優良顧客だけに焦点を当て、販売促進活動を行う。

【解答・解説】

①×　どのような顧客を満足させるかを明確にすることが重要である。／②×　顧客志向は、「遠くにいる顧客の方を向こう」という考え方である。／③×　CRMの考え方である。／④×　優良顧客ほど特典サービスを強化する。／⑤×　FSPを成功させるためには、単独での販売促進は廃止する。／⑥○　／⑦×　FSPの考え方である。

第5章

販売・経営管理

LESSON 1

小売業に関連する法令知識①

学習のPOINT

頻出度 ★★★

Check! ／ ／ ／

契約というと難しく聞こえるかもしれないが、小売業が商品を販売するときにも無意識に行われている。契約の内容などは原則的に自由であるが、公共の福祉に反するものは認められない。

1 契約法と印紙税

（1）契約法の基礎知識

契約とは、**債権**や**債務**を発生させる原因となる約束のことをいいます。

①契約自由の原則

契約の締結（契約を締結するかどうかの選択および契約の相手方の選択）、契約の内容決定、契約の方式等については原則として自由であり、これを**契約自由の原則**といいます。ただし、公共の福祉などにより多くの制限を受けるため、無制限の自由ではありません。

展開

「契約自由の原則」と「所有権の絶対」は近代法の大原則と呼ばれ、これに「過失責任の原則」を加えた3つが近代市民法の3大原則とされている。

②契約の成立

契約が成立するためには、方向性が反対の両当事者間で、売る・買う、貸す・借りるなどの意思が合致すること（合意）が必要です。原則として申込みとこれに対する承諾だけで契約が成立するため、口約束も立派な契約です。

■契約の成立

③契約の証明方法

契約は原則として合意のみで成立しますが、後日当事者の一方が契約の成立を認めなかった場合には、契約が**成立**したと主張する方に立証責任があります。これを立証するのが、多くの場合、**書面の記載**です。契約書や注文書、注文請書、納品書、各種伝票類など証拠となる文書を保管しておくことが重要です。

■契約の立証

④債務不履行

約束通りの行為をしないことを**債務不履行**といいます。

債務不履行には**履行遅滞**、**不完全履行**および**履行不能**の３類型があります。

■債務不履行の３つの類型

債務不履行の類型	内　容	事　例
履行遅滞	約束の期日までに履行しないこと	月末納入予定の商品が月末時点で納入されていない
不完全履行	契約内容通りでない履行がされたこと	商品を10kg注文したが、7kgしか納入されなかった
履行不能	約束の履行ができなくなること	芸術品を破損し納入不可能になった

⑤契約の解除

債務不履行があったときには、完全な履行が可能な場合には催告を経て、不可能な場合には、直ちに契約を解除することができます。

■契約の解除に至るまで

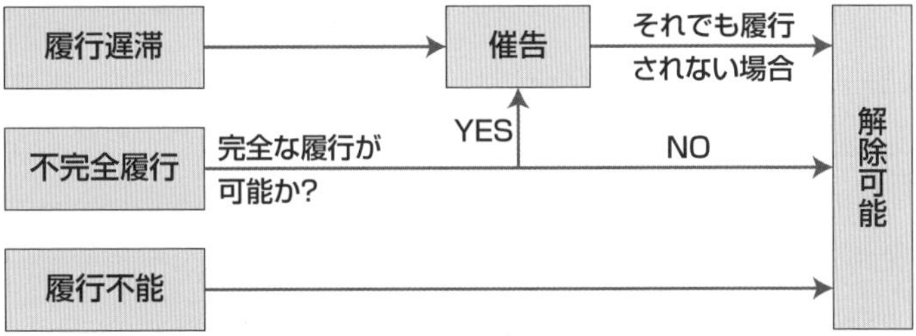

債務不履行による損害があれば、契約を解除してもしなくても**損害賠償**を請求できます。

補足

売買契約で数量不足や粗悪品の場合を契約内容不適合といい、買い主は契約通りの引渡しを請求できる（追完請求）。追完請求が履行されない場合、代金減額や債務不履行の損害賠償、契約の解除を請求できる。

（2）印紙税

印紙税は、**課税文書**の作成に対して課される税金で、印紙の貼付と消印により徴収されます。課税文書を作成した者に**納税義務**があり、印紙の貼付や消印をしないときは、科《か》料《りょう》、罰金などの罰則があります。また、印紙税の不納付は契約そのものの効力とは関係がありません。たとえば、契約書に印紙の貼付と消印がなくても、契約書としての効力がなくなるわけではありません。

2 支払手段の種類

（1）小切手

小切手の振出（発行）は、振出人の取引銀行に対し、振出人の当座預金口座から受取人に対して一定金額を支払うべきことを委託するものです。小切手には**小切手要件**と呼ばれる事項を小切手用紙に記載し、振出人がこれに署名または記名・押印して受取人に交付します。

小切手の絶対的記載事項は、①小切手であることを示す文字②小切手金額と支払委託③支払人の名称④支払地⑤振出日および振出地⑥振出人の署名または記名・押印です。約束手形の絶対的記載事項は、①約束手形であることを示す文字②手形金額と支払約束③満期④支払地⑤受取人の名称⑥振出日および振出地⑦振出人の署名または記名・押印です。

■小切手要件の内容

要件の種類	内　容
絶対的記載事項	必ず記載しなければならない事項
任意的記載事項	記載してもしなくてもよい事項
有害的記載事項	記載すると小切手が無効になる事項

（2）約束手形

約束手形についても小切手と同様に、振出人が受取人に対して一定金額を支払うべきことを約束するものです。振出人は当座預金口座がある銀行から手形帳の交付を受け、これに一定事項を記載して受取人に交付します。約束手形にも、絶対的記載事項、任意的記載事項および有害的記載事項があります。

■手形取引の流れ

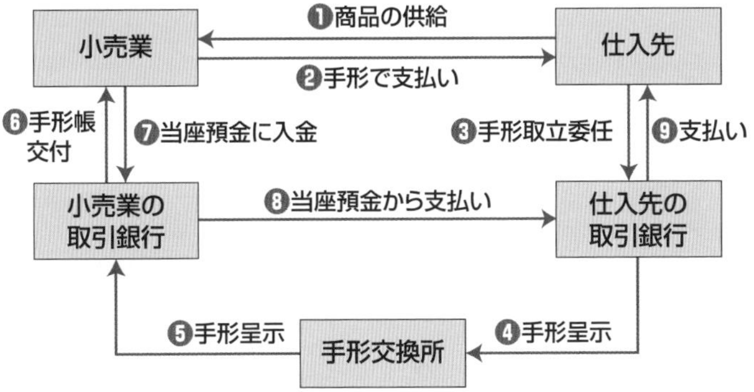

（参考：「販売士ハンドブック〈応用編〉」日本商工会議所・全国商工会連合会編）

（3）その他の支払方法

①クレジットカード

消費者から信販会社や銀行などが発行するクレジットカードの呈示があった場合には、**加盟店**は一定事項を確認の上、その場で消費者に商品等を引き渡し、売上票をカード発行会社に送付して代金の支払いを受けます。カード会社は、後日会員の銀行の口座から、代金相当額を引き落とすことによって立替えた代金の支払いを受けます。

■クレジットカードの取引の形態（信販会社発行のカードの場合）

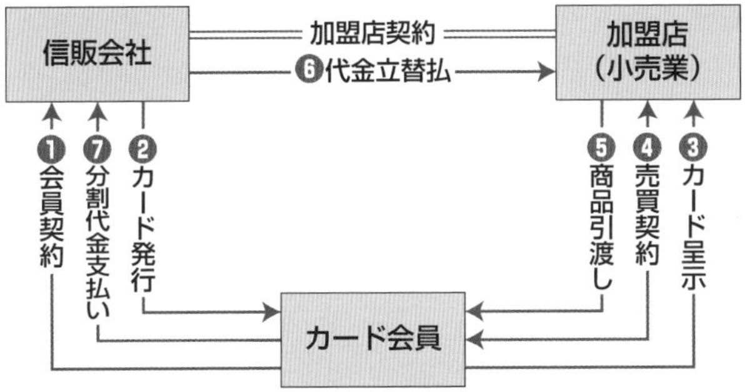

（参考：「販売士ハンドブック〈応用編〉」日本商工会議所・全国商工会連合会編）

補足

小切手は振出日から10日間、約束手形は原則として満期日およびそれに続く2取引日以内が呈示期間である。満期日前の約束手形は、ほかの債権者に交付（裏書）して支払手段とすることもできる。

補足

クレジットカードには、①信販会社や銀行などが発行するもの、②大規模小売業者などが発行するものがある。プリペイドカードも発行者によって①自家発行型、②第三者発行型、③共同型の3つに分けられる。

補足

磁気型やIC型のプリペイドカードやインターネット上で使えるプリペイドカード、商品券などは資金決済法の適用を受けることがある。

②プリペイドカード

プリペイドカードは、消費者が代金を前払いして商品やサービスを受けるために購入するカードをいい、これを利用すると利用分に応じてカードに情報が記録され、使用額あるいは残額が表示されます。

③デビットカード

デビットカードは、店頭で買物をする際に、銀行預金の口座から即時直接決済されるものです。

要点マスター

債務不履行の類型と契約の解除

債務不履行の類型	内　容	契約の解除
履行遅滞	約束の期日までに履行しないこと	催告をした後、不履行なら解除可能
不完全履行	契約内容通りでない履行がされたこと	①完全な履行が可能な場合 催告した後、解除可能 ②完全な履行が不可能な場合 直ちに解除可能
履行不能	約束の履行ができなくなること	直ちに解除可能

Let's Try 一問一答

○×問題に答え、正解したらチェックマーク☑を入れましょう		
□	①	契約自由の原則は、公共の福祉などよりも優先される無制限の自由である。
□	②	契約は申込みとこれに対する承諾だけで成立するため、口約束も契約である。
□	③	当事者の一方が契約の成立を認めなかった場合には、契約が成立したと主張する方に立証責任がある。
□	④	履行遅滞があった場合には、直ちに契約を解除することができる。
□	⑤	債務不履行による損害があれば、契約を解除した場合に限り損害賠償を請求できる。
□	⑥	契約書に印紙を貼付し忘れた場合には、契約書は無効となる。
□	⑦	有害的記載事項とは、記載すると小切手や手形が無効になる項目をいう。
□	⑧	クレジットカードには、①信販会社や銀行などが発行するもの、②大規模小売業者などが発行するものがある。
□	⑨	プリペイドカードに対する法的規制はない。
□	⑩	デビットカードによる決済は、平均３営業日程度の時間がかかる。

【解答・解説】
①×　契約自由の原則は公共の福祉などにより制約を受けるため、無制限の自由ではない。／②○　／③○　／④×　履行遅滞の場合には、通常は催告してそれでも履行が行われないときに契約を解除できる。／⑤×　契約を解除しなくても損害賠償を請求できる。／⑥×　印紙税の不納付は、契約書の効力に影響を及ぼさない。／⑦○　／⑧○　／⑨×　プリペイドカードは、資金決済法の適用を受けることがある。／⑩×　デビットカードでは、銀行預金の口座から即時直接決済される。

LESSON 2

小売業に関連する法令知識②

学習のPOINT

頻出度 ★★★

Check! ／ ／ ／

小売業が卸売業から商品を仕入れた場合、卸売業の立場からみると商品の販売であり、仕入と販売は表裏一体である。当事者間の力関係で不公正な仕入・販売が行われないようさまざまな規定がある。

1 仕入に関連する法令知識

補足

売買契約は、代価の支払いを伴うため有償契約であり、売主には商品などの引渡義務、買主には代金の支払義務がそれぞれ伴うので双務契約であり、合意のみによって契約が成立するので諾成契約である。

（1）商品売買の法律効果

商品売買においては、所有権の移転という権利変動とともに、買い手と売り手の双方に債権・債務の関係が成立します。小売業においては、商品を仕入れてから販売するというのが原則であり、その際に**売買契約**を結びます。

（2）継続的取引と基本約定書

小売業と卸売業やメーカーなどサプライヤーとの関係は、1回限りの取引ではなく、継続的な取引関係であることが一般的です。継続取引の場合は、契約の細目をその都度決めていては余計な手間や時間がかかってしまいます。そこで個別の取引に共通する事項を**基本約定書**にまとめて記載し、これを基本契約として、数量その他の個別事項は発注のたびに確定し、個別契約が成立するような工夫がなされています。

基本約定書の基本的な内容は、①目的物の種類、規格など、②継続的取引契約の期間、③取引全体数量、納期、納入方法、④代金額と支払方法、⑤発注の具体的方法、⑥債務不履行の場合の対処方法などです。

（3）仕入の種類

①売買（買取）による仕入

小売業はメーカーや卸売業から商品を買い取って、これを倉庫に保管したり、店頭に並べて消費者に購入してもらったりします。仕入や販売は**小売業**の責任で行われますが、売れ残った商品を**返品**したり、代金の**減額**を請求することはできません。

②売上仕入（消化仕入）

売上仕入は、仕入れた商品を小売店が消費者に販売した時点で小売店と消費者の間に**売買契約**が生じるとともに、サプライヤーと小売店との間にも**売買契約**が成立するものです。商品が売れるまではサプライヤーに所有権があるため、買取の場合のような返品の問題は生じません。

売上仕入（消化仕入）は、買取仕入のリスクである売残りを実質的に回避する方法なんですね。

③委託販売契約

委託販売契約とは、委託者（商品供給側）と受託者（商品販売側）の間で、委託者の供給する商品を、受託者の名で消費者などに販売し、この販売行為に対して委託者が受託者に**手数料**などの報酬を支払うことを約束する契約のことです。商品の所有権は委託者から受託者に移転しないため、**返品**の問題は発生しません。

④フランチャイズ契約

フランチャイズ契約とは、**フランチャイザー**（本部）が募集した**フランチャイジー**（加盟店）に商標や商品、店舗指導などのノウハウを使用させ、その対価として**ロイヤルティ**（権利金）を徴収する契約形態です。この場合、商品は原則として本部からの一括仕入であり、販売は加盟店と消費者との契約となります。

■フランチャイズ契約

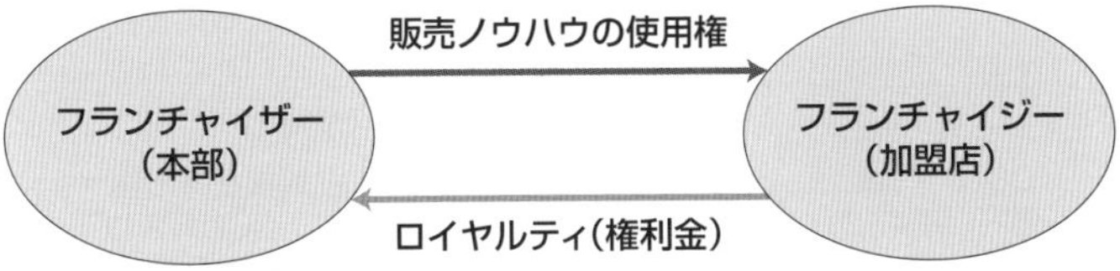

（4）独占禁止法

独占禁止法は、私的独占、**不当な取引制限**、**不公正な取引方法**を禁止し、事業支配力の過度の集中を防止することで、協定等による生産、販売、価格等の不当な制限、事業活動の不当な拘束《こうそく》を排除するために制定されました。これらの目的を達成するため設置された官庁が、**公正取引委員会**です。

■不当な取引制限、不公正な取引方法の特徴

禁止事項	内　容	事　例
不当な取引制限	相互にその事業活動を拘束することなどにより、公共の利益に反して、一定の分野における競争を制限すること	価格カルテル、生産カルテルなど
不公正な取引方法	優越的な地位を濫用した行為など、公正な競争を阻害する恐れがある行為のうち、公正取引委員会が指定するもの	協賛金、納入価格の値引き、押付け販売、従業員の派遣要請など

（5）下請代金支払遅延等防止法

下請代金支払遅延等防止法は、下請代金の支払遅延等を防止することによって、**取引**を公正にするとともに、下請業者の**利益**を保護し、国民経済の健全な発達に寄与する目的で制定されました。この法律の適用対象となる親事業者には、書面の交付、書面の作成および保存、下請代金の支払期日などに一定の規制があります。

補足

親事業者は給付（下請業者が親事業者から受注して製造・作成した製商品等を引き渡したり、役務を提供すること）を受領した日から60日以内の期間内に支払期日を定めなければならない。下請代金の支払いが遅延した場合には、給付日から起算して60日を経過した日から支払日まで年14.6%の遅延損害金を支払わなければならない。

■下請代金支払遅延等防止法の適用事業者

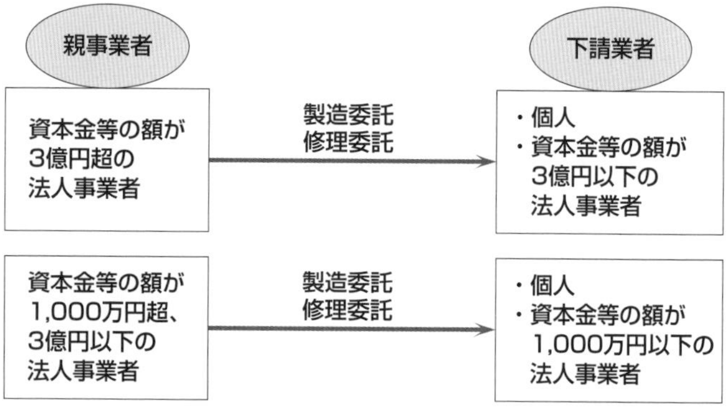

2 販売に関連する法令知識

（1）消費者基本法

消費者基本法では、消費者の保護だけでなく、積極的に消費者の自立を促すため、事業者と消費者のそれぞれに責務が規定されています。

（2）消費者契約法

消費者は事業者との間に情報の質および量ならびに交渉

展開

消費者基本法における事業者の責務には、消費者に必要な情報をもれなく提供することなどがあり、消費者の責務には、自分の権利や保護を主張するだけではなく、積極的に商品の知識や情報の修得に努めることなどがある。

力の差があることにより、不利な契約をしてしまう可能性があります。そのため消費者契約法では、消費者が事業者の行為により誤認した場合（**誤認類型**）、または困惑した場合（**困惑類型**）には、契約の申込み、またはその承諾の意思表示を取り消すことができます。

（3）特定商取引法

特定商取引法は、訪問販売など消費者トラブルが起きやすい取引類型を対象に、事業者に対して規制をすることにより消費者保護を図る法律です。事業者に対する規制には、行政によるものと民事上のものがあります。

■特定商取引法の対象となる取引類型

・訪問販売	・連鎖販売取引（マルチ商法）	
・通信販売	・特定継続的役務提供	
・電話勧誘販売	・業務提供誘引販売取引	・訪問購入

（4）割賦《かっぷ》販売法

割賦販売とは、購入者から代金を**2ヶ月以上**の期間にわたり、**3**回以上に分割して受領することを条件として販売することなどをいいます。割賦販売を行う業者に対しては、割賦販売条件の表示、書面の交付義務、期限の利益の喪失条件などについて規定しています。

よくある質問

Q　クーリング・オフとはどのような制度ですか。

A　業者の営業所等以外の場所で、商品売買などの申込み・契約をした場合には、一定の期間は、なんら理由なく書面で申込みを撤回したり、契約を解除することができる制度です。一定の期間とは、訪問販売などの場合には8日間、連鎖販売取引（商品を売ると利益を得られるなどの誘い文句で入会させたり、商品を買わせたりする取引）などの場合には20日間です。なお、通信販売についてはクーリング・オフ制度はありません。

補足

誤認類型には、重要事項について事実と異なることを告げる「不実告知」、不確実な事項に断定的判断をする「断定的判断の提供」、消費者の不利益になる事実を故意に伝えない「不利益事実の不告知」がある。困惑類型には、家に訪問して居座る「不退去」、消費者が退去する意思表示をしても退去させない「退去妨害（監禁）」がある。

展開

特定商取引法における、行政による規制には、①氏名等の明示の義務づけ、②不当な勧誘行為の禁止、③広告規制、④書面交付義務があり、民事上の規制には、①クーリング・オフ、②意思表示の取消し、③損害賠償等の額の制限がある。ネガティブ・オプション（送りつけ商法）への規制もある。

補足

割賦販売法は、割賦販売（自社割賦）、ローン提携販売、信用購入あっせん（包括・個別）、前払式特定取引に適用される。

要点マスター

仕入に係る所有権の移転時期と販売時の当事者

仕入の形態	小売業への所有権の移転時期	商品販売の当事者
売買による仕入	商品仕入時	小売業⇔消費者
売上仕入	消費者へ販売時	小売業⇔消費者
委託販売契約	移転しない	委託者⇔消費者

Let's Try 一問一答

○×問題に答え、正解したらチェックマーク☑を入れましょう		
□	①	継続取引の場合には、個別の取引に共通する事項について基本契約を結ぶことが取引の効率化につながる。
□	②	売買による仕入の場合には、商品が売れ残っても返品や代金の減額を請求できない。
□	③	フランチャイズ契約では、フランチャイザーがフランチャイジーにロイヤルティを支払う。
□	④	不公正な取引方法とは、優越的な地位を濫用した行為で、一例としてカルテルがある。
□	⑤	消費者基本法では、事業者と消費者のそれぞれに責務が規定されている。
□	⑥	特定商取引法の対象となる取引類型は5種類である。

【解答・解説】

①○　／②○　／③×　フランチャイジー（加盟店）がフランチャイザー（本部）に対してロイヤルティを支払う。／④×　カルテルは不当な取引制限の例である。／⑤○　／⑥×　「訪問販売」「通信販売」「電話勧誘販売」「連鎖販売取引」「特定継続的役務提供」「業務提供誘引販売取引」「訪問購入」の7種類である。

LESSON 3

小売業に関連する法令知識③

Check! ／ ／ ／

学習のPOINT

頻出度 ★★

小売業では顧客情報や従業員情報といった個人情報を取り扱うことも少なくない。個人情報が漏洩《ろうえい》し悪用されると、個人の資産や生活基盤を蝕《むしば》む危険があるため、適正な管理が求められる。

1 商標法、不正競争防止法、景品表示法

（1）商標法

①商号と商標

商号は、会社や個人が事業をする際に使用する名称のことで、会社の場合は会社の種類に応じて、株式会社などの文字を商号中に用いる必要があります。

商標は、商品や役務（サービス）の名称や形状などのことで、商標には商品やサービスの**自他識別**、**広告宣伝**、出所表示、品質保証などの機能があります。商号や商標は悪用されるとトラブルの原因となるため、登録等の制度によって保護しています。

■商号と商標

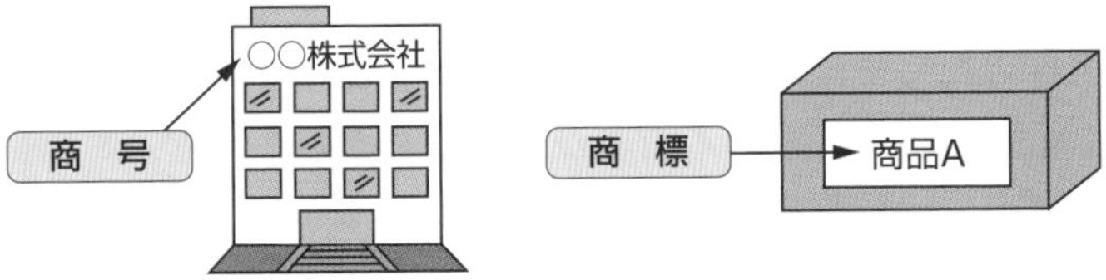

（2）不正競争防止法

他社の商標を無断で使用するなどの不正行為を禁止するため、不正競争防止法が施行されました。違反者に対しては侵害行為差止めの請求をすることができ、違反者には罰則が科せられます。中でも営業秘密の保護強化や模倣品・海賊版対策の強化など、知的財産の保護に重点が置かれています。

展開

ありふれた名称など一定のものを除き、商品・サービスの名称や形態などについて登録を受けることができ、登録がなされると商標権が発生する。権利は満10年間であるが、10年ごとに更新登録の出願を繰り返せば半永久的に保護される。

■不正競争防止法の禁止行為

- 他人の周知商標などと同一、または類似のものを使用して他人の商品と混同させる行為
- 他人の商品の形態を模倣する行為
- 営業秘密を侵害する行為
- 商品等に虚偽の産出地等を表示したり産出地等を誤認させる行為
- 他人の営業上の信用を害する行為　など

（3）景品表示法

①景品類の制限

内閣総理大臣は、不当に顧客が誘引されるのを防ぐため、必要があると認めるときは、景品類の価額の最高額、総額等について制限を加えたり、景品類の提供を禁止することができます。

懸賞の方法によらないで、もれなく景品類を提供するものを総付景品といいます。最高額は次の表の範囲内です。

■総付景品

取引価額	景品類の最高額
1,000円未満	200円
1,000円以上	取引価額の2/10

②不当表示の禁止

事業者は、自己の供給する商品や役務の取引について、実際のものやほかの事業者のものより著しく優良・有利であると誤認させる表示などが禁止されています。

③懸賞による景品類の提供

懸賞により提供する景品類の最高額は、次の通りです。

■懸賞による景品類

取引価額	景品類の最高額
5,000円未満	取引価額の20倍
5,000円以上	10万円

懸賞に提供する景品類の総額は、取引予定総額の２％を超えてはいけません。

2 リスクマネジメント（危機管理）

（1）個人情報保護法の概要

小売業は事業を行う上で、顧客や従業員などのさまざまな情報を扱います。昨今のIT化社会では、これらの個人情報が流出すると急速に広がり、悪用されるリスクも高まります。そこで個人情報の保護を強化する目的で、**個人情報保護法**が施行されました。

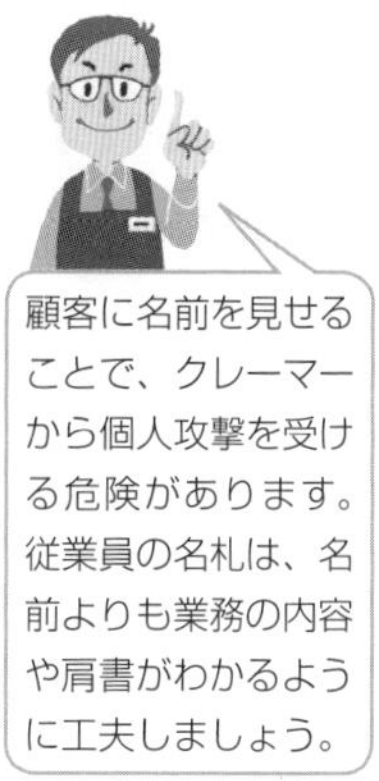

（2）個人情報の種類

個人情報保護法では、個人情報は次の３つに分類されます。

■個人情報の３つの分類

個人情報の種類	内　容	具体例
個人情報	生存する個人に関する情報のこと、特定の個人を識別できるもの	本人の氏名、映像情報、特定の個人と結びついた生年月日や連絡先など
個人データ	個人情報データベースなどを構成する個人情報のこと	50音順の顧客名簿、メールアドレスなど
保有個人データ	個人データのうち、開示、訂正、利用停止の権限を有する情報のこと	個人データと同じ

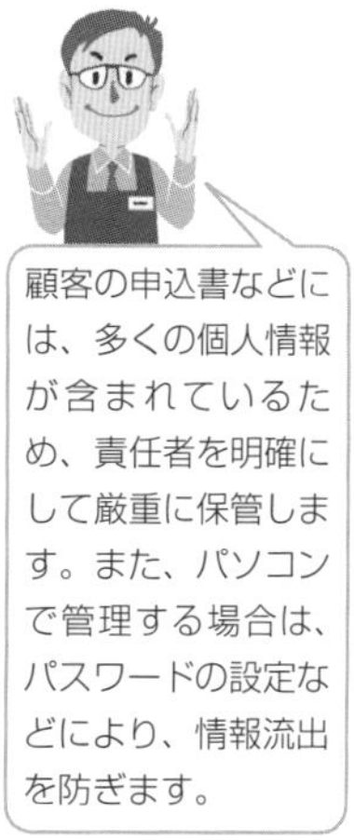

（3）個人情報取扱事業者

個人情報保護法では、個人情報データベースなどをその事業活動に利用している者が対象になります。個人・法人や営利・非営利は問われず、個人事業主やNPO法人も、個人情報データベースなどをその事業活動に利用していれば、個人情報取扱事業者に該当します。

Let's Try 一問一答

○×問題に答え、正解したらチェックマーク☑を入れましょう		
□	①	会社の商号には、株式会社などの会社の種類を表す文字は含めない。
□	②	商標には自他識別、広告宣伝、出所表示、品質保証などの機能がある。
□	③	商標権は満10年間有効で、更新はできない。
□	④	他人の営業上の信用を害する行為は、不正競争防止法の禁止行為である。
□	⑤	総付景品の最高額は、取引価額が2,000円の場合には200円となる。
□	⑥	自己の供給する商品や役務について、実際のものよりも著しく優良・有利であると誤認させる不当表示は禁止されている。
□	⑦	懸賞により提供する景品類の最高額は、取引価額が10,000円の場合には10万円となる。
□	⑧	個人情報保護法では、個人情報を「個人情報」「個人データ」「保有個人データ」に分類している。

【解答・解説】
①×　会社の場合は、その種類に応じて株式会社などの文字を商号中に用いる必要がある。／②○　／③×　商標権は満10年間有効で、更新登録を繰り返せば半永久的に保護される。／④○　／⑤×　1,000円以上の場合には取引価額の2/10のため、取引価額2,000円の場合には400円となる。／⑥○　／⑦○　／⑧○

LESSON 4

相乗積による全体粗利益率の改善

学習のPOINT

頻出度 ★

Check! ／ ／ ／

相乗積を使って、商品ごとに売上構成比や粗利益率を上下させながら全体の粗利益率を高めるシミュレーションができる。

1 相乗積の考え方

相乗積の考え方を使うと、商品ごとの売上構成比や粗利益率を変動させたときの全体粗利益率の変動をシミュレーションできます（**粗利ミックス**）。**粗利ミックス**では、各商品の売上構成比と粗利益率とを掛け算した相乗積を合計して全体の粗利益率とします。

■相乗積の公式

相乗積＝売上構成比（％）×粗利益率（％）

2 シミュレーション例

（1）現状設定

現状は、α部門で扱う商品A～Dの全体売上高が20,000千円で全体粗利益高が5,000千円の場合、全体粗利益率は25.0%とします。

■現状設定

商品	売上高	粗利益高	粗利益率
A	8,000千円	1,600千円	20.0%
B	6,000千円	1,500千円	25.0%
C	4,000千円	1,200千円	30.0%
D	2,000千円	700千円	35.0%
合計	20,000千円	5,000千円	25.0%

（2）相乗積による現状設定

相乗積の考え方では、**（1）**の全体粗利益率25.0%を次のように計算します。

■相乗積による現状設定

商品	売上構成比（%）	粗利益率（%）	相乗積（%）
A	40.0	20.0	8.0
B	30.0	25.0	7.5
C	20.0	30.0	6.0
D	10.0	35.0	3.5
合計	100.0		25.0

（3）シミュレーション例

売上構成比をA商品30.0%、D商品20.0%とした場合、全体粗利益率は26.5%になります。

■シミュレーション例

商品	売上構成比（%）	粗利益率（%）	相乗積（%）
A	30.0	20.0	6.0
B	30.0	25.0	7.5
C	20.0	30.0	6.0
D	20.0	35.0	7.0
合計	100.0		26.5

粗利益率が低い商品の売上構成比を下げて、粗利益率が高い商品の売上構成比を上げると、全体粗利益率は上がります。

Let's Try 一問一答

○×問題に答え、正解したらチェックマーク☑を入れましょう

☐ ① 粗利ミックスに使う相乗積は「売上構成比×粗利益率」になる。

☐ ② 粗利益率が低い商品の売上構成比を下げて、粗利益率が高い商品の売上構成比を上げると、全体粗利益率は下がる。

【解答・解説】

①○　／②×　全体粗利益率は上がる。

LESSON 5

売買損益の計算方法

学習のPOINT

頻出度 ★

Check! ／ ／ ／

損益計算は、総売上高から売上総利益を求めるまでの一連の計算の流れである。期首商品棚卸高と純仕入高の合計額から、期末商品棚卸高を引くと売上原価が算出できる。

1 売買損益とは

計算上、売上総利益を算出するまでの計算のことを**売買損益計算**といいます。

■売買損益計算のイメージ図

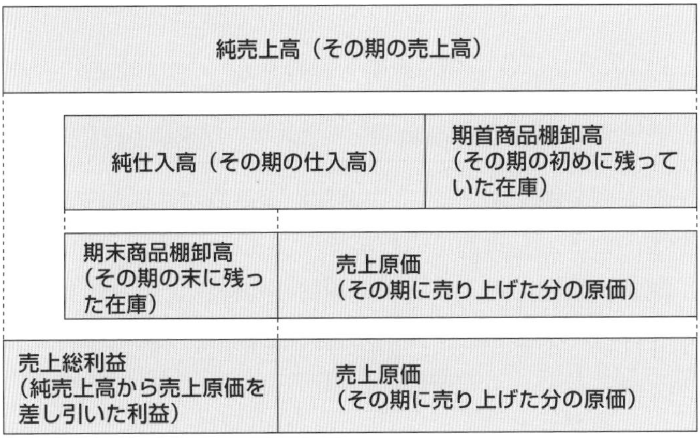

補足

当期の期末商品棚卸高の額が、次期の期首商品棚卸高の額になる。正式には、期末日の営業終了時の商品金額を期末商品棚卸高、期首の初日の営業時間前の商品金額を期首商品棚卸高という。

2 売買損益の計算方法

（1）ステップ1：純売上高を計算する

純売上高＝総売上高－（売上戻り高＋売上値引）

販売した時点の売上高の累計が**総売上高**です。しかし、販売後も、商品に欠陥などがあれば、返品され売上高が減少します。また、実際には販売時に売価から値引をして販売することもあります。前者を**売上戻り高**、後者を**売上値引**といい、それらを総売上高から差し引いた額が、純然た

補足

商品棚卸高は、期末棚卸高、期末商品在高、期末在庫などと呼ばれることもある。

展開

損益計算書上は、戻り高や値引を詳しく表示せずに、純売上高を売上高として表示し、それ以降の利益を計算する。

る売上高である**純売上高**となります。

（2）ステップ2：純仕入高を計算する

純仕入高＝総仕入高＋仕入諸掛り－（仕入戻し高＋仕入値引）

商品を仕入れた時点で商品にかかった累計額が、**総仕入高**です。しかし、実際には仕入時に、付随した手数料など費用がかかることがあります。それを**仕入諸掛《しょがか》り**といいます。また、仕入れた後に欠陥や汚れが発覚し、仕入先に返品することや、仕入時に値引をしてもらうことがあります。前者を**仕入戻し高**、後者を**仕入値引**といいます。

総仕入高に、仕入諸掛りを加算し、仕入戻し高と仕入値引を差し引いた額が、純然たる仕入高である**純仕入高**になります。

（3）ステップ3：売上原価を計算する

売上原価＝**期首商品棚卸高＋純仕入高－期末商品棚卸高**

期末商品棚卸高とは、一定期間の最終日である決算日に、企業内にある在庫商品の総額です。

期首商品棚卸高とは、一定期間の初日に企業内にある商品在庫の総額を指します。期首商品棚卸高に純仕入高を加算することで、その期間に企業内に存在した商品在庫の原価の総額が算出できます。

さらに、その総額から、期末商品棚卸高を差し引くことで、その期間に販売した商品の原価である**売上原価**の総額を求めることができます。

（4）ステップ4：売上総利益を計算する

売上総利益＝**純売上高－売上原価**

一定期間の純売上高から、売上原価を差し引いた額が、その期間の**売上総利益**になります。

（5）総額主義の原則

定価100万円の宝石を販売する際に、10万円の値引をし

用語

総額主義の原則
日々の売上や仕入の際に発生する、返品や値引は、逐一その通りに記録しなければならないということ。

た場合、売上高100万円、売上値引10万円と記録する必要があります。売上高と売上値引を相殺し、売上高90万円と記録してしまうと、売上総利益率の正確な変化がわからなくなるからです。

ただし、決算時の損益計算書では、売上値引や売上戻り高などは省略し、純売上高を売上高とします。

よくある質問

Q 売上総利益と粗利益の違いは何ですか？

A 時と場合によって、同じ意味で使われることがありますが、売上総利益は一定期間の合計額として使われるのに対して、粗利益は決算時ではなく日々の利益を計算するときに使われる傾向にあります。

要点マスター

売上原価と売上総利益の計算方法

- 純売上高：100,000円
- 期首商品棚卸高：10,000円
- 純仕入高：50,000円
- 期末商品棚卸高：20,000円

上記の条件のとき、売上原価の計算式は、
「期首商品棚卸高（10,000円）＋純仕入高（50,000円）－期末商品棚卸高（20,000円）」
となり、売上原価は40,000円となる。
したがって売上総利益は、
「純売上高（100,000円）－売上原価（40,000円）」
で60,000円となる。

Let's Try　一問一答

○×問題に答え、正解したらチェックマーク☑を入れましょう		
□	①	売買損益計算とは、売上原価を算出する計算である。
□	②	純売上高は、総売上高に売上戻り高と売上値引を加算して算出する。
□	③	期末商品棚卸高は、期末日の営業開始前の在庫商品の金額である。
□	④	純仕入高には、仕入戻し高と仕入値引が含まれる。
□	⑤	期首商品棚卸高は、前の期の期末商品棚卸高と同じである。
□	⑥	期首商品棚卸高に純仕入高を加算し、期末商品棚卸高を差し引くと売上原価が求められる。
□	⑦	総売上高から売上原価を差し引くと、売上総利益が求められる。

【解答・解説】

①×　売上総利益を算出する計算である。／②×　総売上高から売上戻り高と売上値引を差し引いて算出する。／③×　期末日の営業終了時の在庫商品の金額である。／④×　仕入戻し高と仕入値引を差し引いているので含まれない。／⑤○　／⑥○　／⑦×　純売上高から売上原価を差し引いたものである。

LESSON 6

売場の効率を測る指標

頻出度 ★★

Check! ／ ／ ／

学習のPOINT

売場の効率を評価するためには、尺度となる指標が必要である。その指標には、投入と成果のバランスをみることが求められる。代表例として、人時生産性、労働分配率がある。

1 人時生産性

人時生産性とは、「ある一定期間における労働時間1時間当たりに、どれだけ粗利益を稼ぎ出したか」という尺度のことで、次の計算式によって求めます。

$$人時生産性=\frac{粗利益高}{総労働時間}$$

この式を展開すると、次のようになります。

$$人時生産性=\frac{粗利益高}{\cancel{売上高}}\times\frac{\cancel{売場面積}}{総労働時間}\times\frac{\cancel{在庫高}}{\cancel{売場面積}}\times\frac{\cancel{売上高}}{\cancel{在庫高}}$$

$$=粗利益率\times\begin{matrix}1人1時間当\\たり担当坪数\end{matrix}\times\underbrace{\begin{matrix}坪当たり\\在庫数\end{matrix}\times商品回転率}_{坪当たり売上高}$$

人時生産性を高めるためには、次の５つが重要です。

①売価変更、ロス管理、原価引下により**粗利益率**を高める。

②少ない人時で仕事ができるよう、仕事の計画と作業の割当て、仕事の改善や合理化を行い、１人１時間当たりの**担当坪数**を増やす。

③売場の在庫から**死に筋商品**を排除し、売れ筋商品で適正在庫を保つ。

④重点販売商品や売れ筋商品で品切れを起こさず、販売機会を逃さない。

⑤**商品回転率**を高めることで、坪当たり売上高を増やす。

用語

人時生産性
投入労働時間1時間当たりの粗利益高のこと。

補足

人件費には、次のような費目が含まれている。毎月支払われる給与、賞与、教育費、採用費、福利厚生費、退職給与引当金、年金の積立分、寮・社宅費用など。

2 労働分配率

労働分配率とは、小売業の経営努力によって稼いだ粗利益高のうち、**人件費**に向けられる比率のことをいいます。

小売業が永続的な発展をしていくためには、適切な利益が必要です。利益の中から人件費に充てられる程度はどのくらいがよいのかを示す目安が必要になります。その尺度の一つが労働分配率です。

労働分配率は、次の計算式で求められます。

$$\text{労働分配率} = \frac{\text{総人件費}}{\text{粗利益高}}$$

展開

毎月の仕事をしていく上で、粗利益高は多面的に分配されていく。たとえば、従業員にかかる費用のほか、販売促進の費用として、チラシ広告代や店内の装飾にかかる費用、また電気代や水道代、さらには郵送にかかる費用や事務用品費などがある。

3 労働分配率と労働生産性の関係

労働分配率を求める公式は、次のように変形できます。

$$\text{労働分配率} = \frac{\text{総人件費}}{\text{粗利益高}}$$

↓

$$\text{総人件費} = \text{粗利益高} \times \text{労働分配率}$$

この両辺を従業員数で割ると、

$$\frac{\text{総人件費}}{\text{従業員数}} = \frac{\text{粗利益高}}{\text{従業員数}} \times \text{労働分配率}$$

↓　↓

$$\text{1人当たり平均人件費} = \text{労働生産性} \times \text{労働分配率}$$

補足

人時生産性を求める計算式の分母の「総労働時間」を「従業員数」に置きかえて求められるものを労働生産性という。

この計算式からわかる通り、労働分配率を一定に保ちながら、人件費を増やすとすれば、**労働生産性**を向上させる以外に方法はありません。

一般的には、健全経営の目安は労働分配率**30%**以下です。労働分配率をこの目安にまで引き下げるためには、1人当たり人件費または従業員数が増加しても、それを上回る人時生産性の向上（粗利益高の増加、あるいは投入労働時間の削減）を行えばよいことになります。

要点マスター

売場の効率を測る指標

売場の効率を測るためには、主に次の指標が用いられる。

①人時生産性＝粗利益高÷総労働時間
　　　　＝粗利益率×１人１時間当たり担当坪数×坪当たり在庫数×商品回転率

②労働分配率＝総人件費÷粗利益高

③労働生産性＝粗利益高÷従業員数

④１人当たり平均人件費＝労働生産性×労働分配率

Let's Try 一問一答

○×問題に答え、正解したらチェックマーク☑を入れましょう		
□	①	月間総労働時間が600時間、粗利益高が300万円の売場における人時生産性は2,000円である。
□	②	売上高7,000万円、粗利益高1,000万円、売場面積70坪、在庫高1,400万円、総労働時間7,000時間の売場の場合、人時生産性は5,000円である。
□	③	年間給与額500万円、粗利益高3,000万円、総人件費は給与額の150％である場合、労働分配率は21％である。
□	④	売上高6,000万円、粗利益率20％、従業員数８人の売場の労働生産性は150万円である。
□	⑤	粗利益高8,000万円、労働分配率30％、従業員数６人の場合、１人当たりの平均人件費は約400万円である。
□	⑥	労働分配率は、一般的には90％以上であることが健全経営の目安とされており、総人件費を粗利益高で割って求める。
□	⑦	総人件費には、給与・賞与のほかに減価償却費などの費目が含まれる。

【解答・解説】

①×　人時生産性＝粗利益高÷総労働時間＝300万÷600＝5,000円。／②×　人時生産性＝粗利益高÷総労働時間＝1,000万÷7,000≒1,429円。／③×　労働分配率＝総人件費÷粗利益高＝(500万×150％)÷3,000万＝25％。／④○　労働生産性＝粗利益高÷従業員数＝(売上高×粗利益率)÷従業員数＝6,000万×0.2÷8＝150万円。／⑤○　１人当たり平均人件費＝労働生産性×労働分配率＝(粗利益高÷従業員数)×労働分配率＝8,000万÷6×0.3≒400万円。／⑥×　90％以上ではなく、30％以下であることが目安である。／⑦×　減価償却費は含まず、福利厚生費などの費目が含まれる。

LESSON 7

経営分析の概要

Check!

／　／　／

学習のPOINT

頻出度 ★★

経営分析には、広義の経営分析と狭義の経営分析がある。広義の経営分析にはキャッシュフロー分析や損益分岐点分析が、狭義の経営分析には収益性の分析や安全性の分析がある。

1 経営分析

経営分析と財務分析を同義で使うことがあります。財務分析は、財務諸表や経営資料を分析して、企業の財政状態を判断することです。

（1）広義の経営分析と狭義の経営分析

広義の経営分析とは、経営分析（財務諸表分析）、**損益分岐点分析**、キャッシュフロー分析、企業価値の分析など**企業**を分析する手法全体を示すものです。

狭義の経営分析とは、損益計算書の数値を用いて**収益性**を、貸借対照表の数値を用いて**安全性**を分析することです。

（2）損益分岐点分析

損益分岐点とは、売上高から総費用を差し引いた金額がゼロとなる点のことです。売上高が損益分岐点を下回ると費用が収益を上回り、損失がでてしまいます。

■損益分岐点分析の基本公式

損益分岐点売上高＝変動費＋固定費

損益分岐点分析のポイントは、**費用**を**変動費**と**固定費**に分けることです。変動費とは、売上原価など売上高や売上点数の変化によって増減する費用のことです。固定費とは、正規社員の人件費など売上高や売上点数の変化に左右されず、一律にかかる費用のことです。

（3）分析指標

分析指標は主に、**収益性**、**安全性**（**流動性**）、**成長性**の3つに分かれます。

収益性の指標とは、利益を得る能力、程度、度合いを示す指標で、**資本利益率**、資本回転率、売上高純利益率など

用語

キャッシュフロー
企業の活動によって発生する現金の流れのこと。

補足

現在の売上高が、損益分岐点からどれだけ離れているかを示す指標が、安全余裕率＝〔1－損益分岐点売上高÷（現在の）売上高〕×100（％）である。

補足

回転率に関する指標を収益性から細分化して効率性ということがある。

が含まれます。

安全性（**流動性**）の指標とは、企業が借金を支払う能力があるかを示す指標で、**流動比率**、当座比率、負債比率、自己資本比率、固定長期適合率などが含まれます。

成長性の指標とは、企業の成長の度合いを示す指標で、**売上高増加率**、資本金増加率、売場面積増加率などが含まれます。

展開

売上総利益は、通常、小売業の業務活動においては、粗利益高と呼ばれることが多い。

2 財務諸表と資本利益率

経営分析をする上で、損益計算書、貸借対照表は最も重要な財務諸表になります。

（1）損益計算書

損益計算書とは、企業の一定期間の活動における収益、費用、利益について記載した資料です。

展開

売上原価は、「売上原価＝期首商品棚卸高＋当期商品仕入高－期末商品棚卸高」の計算式で求めることができる。

■損益計算書

単位：千円

	単位：千円	
Ⅰ売上高	200,000	
Ⅱ売上原価	120,000	販売した商品の仕入にかかった費用
売上総利益	80,000	商品から得られた純粋な利益
Ⅲ販売費及び一般管理費	70,000	人件費、地代、水道光熱費、広告費など店舗の運営、商品の販売などにかかった費用
営業利益	10,000	本業の活動によって得られた利益
Ⅳ営業外収益	5,000	受取利息など本業以外で定期的に得られた収益
Ⅴ営業外費用	7,000	支払利息など本業以外で定期的にかかった費用
経常利益	8,000	本業以外の活動も含めて得られた利益
Ⅵ特別収益	1,000	不動産売却益など突発的に発生した収益
Ⅶ特別損失	4,000	不動産の売却・除却損など突発的に発生した損失
税引前当期純利益	5,000	法人税を差し引く前の最終的に獲得した利益
法人税等	2,000	
当期純利益	3,000	法人税を差し引いた後の最終的に獲得した利益

（2）貸借対照表

貸借対照表とは、企業のある時点での企業の資産、負債、純資産について記載した資料です。

■貸借対照表

【資産の部】
現金預金や建物など
企業が持つ資産の詳細

【負債の部】
支払手形や社債など企業の負債。
「他人資本」とも呼ばれる

単価：千円

資産の部		負債の部	
勘定科目	金額	勘定科目	金額
流動資産		流動負債	
現金預金	50,000	支払手形	2,000
売掛金	15,000	買掛金	40,000
有価証券	35,000	未払金	28,000
棚卸資産	80,000	固定負債	
固定資産		社債	80,000
建物	70,000	退職給付引当金	50,000
車両運搬具	5,000	純資産の部	
土地	95,000	資本金	50,000
借地権	3,000	資本準備金	80,000
投資有価証券	7,000	別途積立金	70,000
関連会社株式	90,000	繰越利益剰余金	50,000
資産合計	450,000	負債・純資産合計	450,000

【純資産の部】
企業が持つ負債によらない資本。同義の意味で「自己資本」とも呼ばれる

（3）資本利益率

経営分析で最も重視されるのは、投下した資本に対していくら利益を獲得したかという視点の収益性の分析であり、それを示す最も基本的な指標を資本利益率といいます。

$$\text{資本利益率}(\%)=\frac{\text{利益}}{\text{総資本}}\times 100$$

通常時の収益性を分析するときは総資本経常利益率（経常利益÷総資本×100）を活用し、株主の持分である自己資本（純資産）の収益性を分析するときは自己資本利益率（当期純利益÷自己資本（純資産）×100）を活用するのが基本です。

資本利益率が低下しているとき、次のように売上高利益率と総資本回転率に分解して低下前と比較すると、原因をある程度類推できます。

用語

流動資産・固定資産
1年以内に現金化が可能な資産を流動資産、建物のように何年経っても使い続ける資産を固定資産という。

流動負債・固定負債
1年以内に支払わなければならない負債を流動負債、支払期間が1年以上あとの負債を固定負債という。

補足

1年を基準に、資産・負債を流動か固定かに分けることを、ワンイヤールール（1年基準）という。

展開

売上高利益率は、損益計算書の5つの利益を分子に用いて各収益性を分析する。売上高利益率を悪化させる要因には、売上高の減少、売上原価の上昇などがある。一方で、総資本回転率を悪化させる要因には、流動資産の構成の悪化、固定資産の構成の悪化などがある。

$$資本利益率(\%)=\frac{利益}{売上高}\times\frac{売上高}{総資本}\times100$$

$$=売上高利益率\times総資本回転率\times100$$

よくある質問

Q 純資産と自己資本の違いは何ですか？

A 内閣府令に基づいて厳密に判断すると、純資産から「新株予約権」と「少数株主持分」を差し引いたものが「自己資本」になりますが、試験上は、わかりやすくするために同義で使われています。

要点マスター

損益計算書と貸借対照表

	対　象	記載内容
損益計算書	一定期間	収益、費用、利益
貸借対照表	ある時点	資産、負債、純資産（自己資本）

Let's Try 一問一答

○×問題に答え、正解したらチェックマーク☑を入れましょう

□	① 損益分岐点分析の基本公式は、「損益分岐点売上高＝変動費＋固定費」である。
□	② 損益計算書には、収益、費用、負債を記載する。
□	③ 貸借対照表には、資産、純資産、利益を記載する。
□	④ １年以内に支払う必要がある負債を固定負債という。

【解答・解説】

①○　／②×　収益、費用、利益である。／③×　資産、負債、純資産である。／④×　流動負債という。

LESSON 8

経営分析指標

頻出度 ★★★

Check! ／ ／ ／

学習のPOINT

小売業の経営を分析するための数値を経営分析指標という。主な指標として、収益性の分析指標、安全性の分析指標、効率性の分析指標が挙げられる。

1 収益性の分析

収益性の分析に用いられる主な指標には、次の3つがあります。

(1) 売上高総利益率

商品を販売した際に**純粋に得られる利益の幅**を示す指標です。高いほど商品の利幅が大きいことを表します。

(2) 売上高営業利益率

本業で稼ぎ出す利益の割合を示す指標です。

(3) 売上高経常利益率

本業以外の活動も含めて企業が通常、稼ぎ出す利益の割合を示す指標です。

資本利益率が低下している際、経営分析指標を算出してその良否を分析することで、低下の要因を絞り込むことができます。

補足

売れ筋商品の単価を下げると、販売数量が増えるため売上高は伸びる一方で、その商品の利益率は低下する。したがって、収益性の分析で利益率をチェックすることが重要である。

2 安全性の分析

安全性の分析に用いられる主な指標には、次の5つがあります。

(1) 流動比率

企業の短期の支払能力を判断するための総合的な指標です。一般的に200％が理想的で、120～130％を超えるとよいとされています。

(2) 当座比率

流動資産の中でも換金性の高い資産である当座資産をベースに計算することによって、企業の短期の支払能力を流動比率よりも厳しく判断するための指標です。一般的に100％を切ると資金繰りが苦しいといわれています。

（3）固定比率

事業に必要な設備資産を、純資産（自己資本）でまかなっている割合を示す企業の長期の支払能力を判断するための指標です。一般的に100％未満が理想的とされています。

（4）固定長期適合率

事業に必要な設備資産を、純資産と固定負債でまかなっている割合を示す企業の長期の支払能力を判断するための指標です。一般的に100％未満であれば、長期の支払能力に問題はないといわれています。

（5）自己資本比率

総資本に対する純資産の割合のことです。一般的に50％以上あれば負債をすべて返しても資産が残るためよいとされていますが、長期の負債はすぐに返済しなくてもよいので30％以上あれば問題がないとされています。

要点マスター

安全性分析の目的に応じた指標

分析の目的	指　標
短期の支払能力を分析する指標	・流動比率 ・当座比率
設備資産を安定してまかなえているかを分析する指標	・固定比率 ・固定長期適合率
純資産（自己資本）の割合を分析する指標	・自己資本比率

3 効率性の分析

資産や負債の多少を、売上高・仕入高との比率や日数で表すのが効率性の分析です。効率性の分析に用いられる指標には、次のものがあります。

（1）売上債権回転率

売上債権の回収が滞りなく履行されているかを判断する指標です。

展開

貸借対照表上、右側にある負債（他人資産）と純資産（自己資本）は、資金をどのように調達しているかを表す。自己資本比率が低いことは、純資産（自己資本）の額が低く、借入に依存した資金調達体制であることを表す。

用語

売上債権
受取手形や売掛金の総称で、後日受け取れると約束されている金額を示している。

補足

取引先が倒産してしまうことで、売上債権の一部または全部が回収できなくなることを貸倒れという。

（2）売上債権回転期間

売上債権の回収の良否を回収期間で判断する指標です。

（3）仕入債務回転率

仕入債務の支払いの良否を判断する指標です。

（4）仕入債務回転期間

仕入債務の支払いの良否を支払期間で判断する指標です。

（5）棚卸資産（商品）回転率

商品の販売を効率的に行えているかを判断する指標です。

（6）平均在庫日数（商品回転期間）

商品の販売が効率的に行えているか、商品を仕入れてから販売するまでの平均期間で判断する指標です。

■収益性・安全性・効率性指標と計算式一覧

	指標名	計算式
収益性	売上高総利益率（%）	$=\frac{売上総利益}{売上高}\times 100$
	売上高営業利益率（%）	$=\frac{営業利益}{売上高}\times 100$
	売上高経常利益率（%）	$=\frac{経常利益}{売上高}\times 100$
安全性	流動比率（%）	$=\frac{流動資産}{流動負債}\times 100$
	当座比率（%）	$=\frac{当座資産}{流動負債}\times 100$
	固定比率（%）	$=\frac{固定資産}{自己資本}\times 100$
	固定長期適合率（%）	$=\frac{固定資産}{固定負債+自己資本}\times 100$
	自己資本比率（%）	$=\frac{自己資本}{総資本}\times 100$
効率性	売上債権回転率（回）	$=\frac{売上高}{売上債権}$
	売上債権回転期間（日）	$=\frac{365日}{売上債権回転率}$
	仕入債務回転率（回）	$=\frac{仕入高}{仕入債務}$
	仕入債務回転期間（日）	$=\frac{365日}{仕入債務回転率}$
	棚卸資産（商品）回転率（回）	$=\frac{売上高}{棚卸資産(商品)}$
	平均在庫日数（商品回転期間）（日）	$=\frac{365日}{棚卸資産(商品)回転率}$

Let's Try 一問一答

○×問題に答え、正解したらチェックマーク☑を入れましょう
□　①　売上高総利益率が高いほど、商品の利幅は小さい。
□　②　売上高経常利益率は本業で稼いだ利益の割合である。
□　③　流動比率は長期の支払能力を分析する指標である。
□　④　固定比率は固定資産と自己資本を使って計算する。
□　⑤　売上債権回転率は、売上総利益と売上債権で計算する。
□　⑥　仕入債務回転期間は、365÷仕入債務回転率で求める。
□　⑦　棚卸資産回転率で、仕入債務の効率を分析する。
□　⑧　平均在庫日数（商品回転期間）は、365÷棚卸資産回転率で求める。

【解答・解説】

①×　商品の利幅は大きい。／②×　本業以外の活動も含めた利益の割合である。／③×　短期の支払能力を分析する。／④○　／⑤×　売上高と売上債権で計算する。／⑥○　／⑦×　商品の販売の効率を分析する。／⑧○

LESSON 9

店舗の組織概要

学習のPOINT

頻出度 ★★

Check! ／ ／ ／

組織は、さまざまな原則に則って運営することが重要である。代表的な原則として、三面等価の原則、指令系統の統一化の原則、統制範囲の原則、専門化の原則、権限委譲の原則がある。

1 組織の原則

組織の原則は、会社やアルバイト先、学校など身近な組織の事例に置き替えて考えるとイメージしやすくなります。

組織の原則には、主に次の５つがあります。

（１）三面等価の原則

職務を明らかにするためには、**責任・権限・義務**の３つが等しい価値を持っていなければならないという原則です。

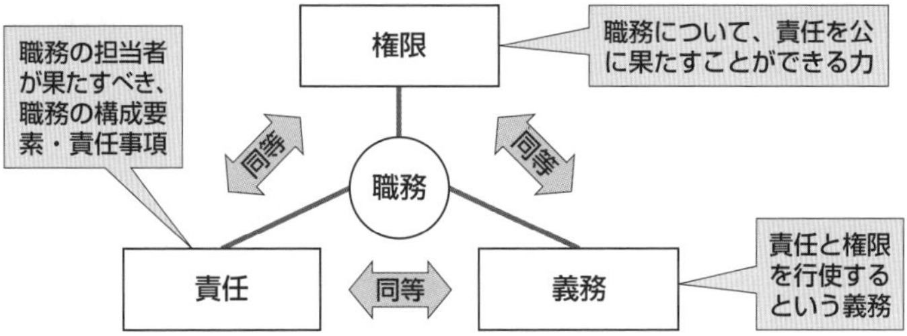

補足

三面等価の原則が守られず、権限が大きいのに責任が伴わなければ、職権濫用の問題が生じる。また、義務が大きいのに権限が小さいと、業務停滞が発生しやすくなる。

（２）指令系統の統一化の原則

指令を受ける人物に対して、指令を発する人物は**１人**でなければならないという原則です。指令を受ける**１人**に対して、２人以上から異なる指令を発すると、混乱を招きます。

（3）統制範囲の原則（スパン・オブ・コントロール）

1人の管理監督者が統制できる人数には上限があるという原則です。組織の上層部の場合は5～6人、末端では20人が限界です。統制する人数が増えすぎると、コントロールできなくなる恐れがあります。

（4）専門化の原則

個人に割り当てる職務を同質の活動にすることで、各職務担当者の職務遂行率、習熟度、熟練度を高めた方がよいという原則です。

職務が同質の場合　　**職務が同質ではない場合**

（5）権限委譲の原則

上司が職務の一部を部下に委任する際、その職務遂行に必要な権限も委譲しなければならないという原則です。

権限が委譲されている場合　　**権限が委譲されていない場合**

補足

専門化の原則を過度に適用して、単純反復作業のみを行う従業員を増やすことは、従業員の意欲を低下させ、結果的に能率を低下させる恐れがあるため、注意が必要である。

展開

組織の存続のための基本的な条件として、①組織への個人の貢献意欲を高める、②構成員によって提供される活動を動態的に調整する、③組織の当面する戦略的目的をどのように見つけ出し、どのように行動していくか、が挙げられる。

2 組織の存続条件

組織が存続していくための、変化に強い組織を構築するポイントは、**反応の速さ**と**柔軟性**にあります。

適度な**権限委譲**や**トップ機能の強化**は組織全体の意思決定力を底上げし、業務が円滑に進む手助けとなります。また、**IT活用**によって、情報の収集・伝達・処理・加工などがスムーズに行われ、社内外のネットワーク化も可能になります。

柔軟な組織づくりの取組みには、以下のようなものがあります。

制　度	内　容
課制廃止	課を廃止することで、意思疎通や人材交流を円滑にし、個人中心的な体制を確立することが、柔軟性につながる
パートタイマー制	特定の時間・業務にのみ対応できる人員を動員することで、固定費の削減、人員不足の回避につながる
フレックスタイム制	全員が勤務時間を一律に定めるのではなく、担当業務や各人の都合を考えて、それぞれ自分で勤務時間を決める方法。全体業務量の増減に柔軟に対応できる
組織開発（OD）	組織の動態化を図るために計画的に組織変革を行う手法
ネットワーク組織	IT機器の活用などにより、企業内外のほかの組織単位との連係を柔軟にできる

要点マスター

組織運営のための５つの原則

三面等価の原則	責任・権限・義務の３つが等しい価値を持つ必要がある
指令系統の統一化の原則	指令の受け手に対して指令を発する人物は１人でないといけない
統制範囲の原則	１人の管理監督者が統制できる人数には、上限がある
専門化の原則	個人に同質の業務を割り当てることで、専門家を育成する
権限委譲の原則	上司は職務を委任するとともに、それに見合った権限も委譲する必要がある

Let's Try 一問一答

○×問題に答え、正解したらチェックマーク☑を入れましょう		
□	①	管理監督者が統制できる人数の上限は、組織の上層部で20人である。
□	②	個人に与える業務を多様化させることで、専門性を高めることができる。
□	③	組織の反応を早くする対策の一つとして、トップ機能の強化が挙げられる。
□	④	ネットワーク組織では、ITの活用が効果的である。
□	⑤	組織開発（OD）とは、組織の動態化を図るためにあえて無計画に組織変革を行う手法である。

【解答・解説】
①×　上層部で５～６人、末端で20人といわれている。／②×　同質化することで専門性が高まる。／③○　／④○　／⑤×　計画的に組織変革を行う手法である。

LESSON 10

職務割当と労働環境

Check!

学習のPOINT

頻出度 ★★

職務割当は、職務分析結果と従業員の意思や適性をなるべくすり合わせる。パートタイム・有期雇用労働者と正規従業員の均等待遇が労働環境の課題である。

1 人事管理の領域

人事管理には、人事管理情報、人事管理、労働条件管理、人間関係管理、労働関係管理があります。職務割当は**人事管理**の一つです。

■人事管理の領域

人事管理情報	職務分析、職務評価、人事考課制度、自己申告制度、ヒューマン・アセスメント
人事管理	要員管理、異動·配置、昇格·昇進、教育訓練（能力開発）、就業管理
労働条件管理	賃金、労働時間、安全衛生、作業条件、福利厚生
人間関係管理	コミュニケーション、モチベーション、リーダーシップ、組織の活性化
労働関係管理	労働関係の円滑化、労働組合、経営参加

2 職務割当の方法

従業員一人ひとりに合った仕事を割り当てることを職務割当といいます。職務割当するためには、どのような職務があるかという**職務分析**と、従業員一人ひとりの意思や**適性の把握**とがあります。職務分析と従業員の意思や適性をできるだけ合致させるように職務割当を定めます。

（1）職務分析

職務分析では、販売や事務など職務ごとに仕事の性質や範囲、困難性の程度などを明確にします。職務分析の方法には、**職務個別調査**法と**職務分析比較**法があります。観察

用語

職務個別調査法・職務分析比較法

職務個別調査法はすべての職務を分析する。職務分析比較法は基準の職務だけはしっかり分析し、他の職務は基準の職務との違いだけを分析する。

法や質問法、体験法、実験法などにより職務の情報を集めて、職務分析表または職務ごとに必要な人的条件をまとめた職務明細書を作成します。

(2) 従業員の意思・適性の把握

一般職業適性検査などの心理テストや人事考課などを活用して、従業員一人ひとりの意思や適性を把握します。人事考課では、**特徴評価**法や**照合表**法、多項目総合評定法などの方法で、業績面と態度面が点数で示されます。

■職務割当の方法

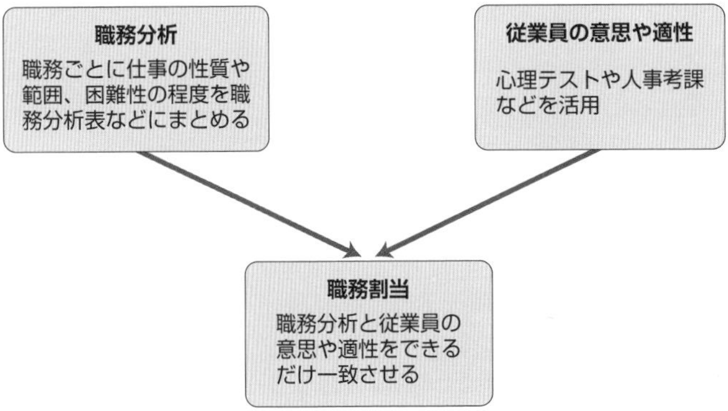

3 職場の労働環境

職場の労働環境は、**組織**規定や**就業**規則などに規定されます。近年は労働時間の短縮が課題となっており、休日増加・フレックスタイム制や変形労働時間制の導入・所定労働時間や時間外労働の短縮などが整備されつつあります。

4 パートタイム・有期雇用労働法

パートタイム・有期雇用労働法は、パートタイム・有期雇用労働者と正規従業員の**均等・均衡待遇**を目指して、労働条件の文書交付や就業規則の作成、**差別的取扱い**の禁止、正規従業員への転換などが定められています。

用語

就業規則
事業場の従業員の規律を定めたもので、常時10人以上の労働者を使用する事業場では作成と行政への届出義務がある。

変形労働時間制
一定期間を平均して法定労働時間になる範囲内で、特定の日または週に法定労働時間を超えて労働させることができる。

用語

パートタイム・有期雇用労働者
「パートタイマー」「アルバイト」「契約社員」などの名称に関係なく、1週間の所定労働時間が正規従業員より短い労働者のことをいう。

■パートタイム・有期雇用労働法の主な内容

- 「昇給有無」「退職手当有無」「賞与有無」の文書交付
- パートタイム・有期雇用労働者に関する就業規則の作成
- 同一職務の正規従業員との差別的取扱いの禁止
- パートタイム・有期雇用労働者から正規従業員への転換
- 短時間・有期雇用管理者の選任

要点マスター

職務割当

職務分析 ＋ 従業員の意思・適性 ＝ 職務割当

職務分析	職務ごとに仕事の性質や範囲、困難性の程度などを職務分析表または職務明細書にまとめる
従業員の意思・適性	一般職業適性検査などの心理テストや人事考課（業績面と態度面を点数評価したもの）などを活用
職務割当	職務分析と従業員の意思・適性をできるだけすり合わせて従業員一人ひとりに合った仕事を割り当てる

Let's Try 一問一答

○×問題に答え、正解したらチェックマーク☑を入れましょう

□	①	職務分析では、販売や事務など職務ごとに仕事の性質や範囲、困難性の程度などをまとめる。
□	②	職務個別調査法は、基準の職務だけはしっかり分析し、他の職務は基準の職務との違いだけを分析する職務分析法である。
□	③	人事考課では、従業員の業績面だけが点数で示される。
□	④	人事考課では、特徴評価法や照合表法、多項目総合評定法などの方法が利用される。
□	⑤	職務割当と従業員の意思・適性とを考慮して、職務分析が行われる。
□	⑥	パートタイム･有期雇用労働法では、パートタイム･有期雇用労働者について、職務内容にかかわらず正規従業員との差別的取扱いが禁止されている。
□	⑦	１週間の所定労働時間が正規従業員より短い契約社員には、パートタイム･有期雇用労働法が適用されない。

【解答・解説】
①○　／②×　職務個別調査法はすべての職務を分析する。／③×　人事考課では、業績面と態度面が点数で示される。／④○　／⑤×　職務分析と従業員の意思・適性とを考慮して、職務割当が行われる。／⑥×　同一職務の正規従業員との差別的取扱いが禁止されている。／⑦×　「パートタイマー」「アルバイト」「契約社員」などの名称に関係なく、１週間の所定労働時間が正規従業員より短い労働者に適用される。

LESSON 11

店舗の人事管理と人材育成

Check! ／ ／ ／

学習のPOINT

頻出度 ★★

小売業にとって、優秀な従業員の育成は極めて重要である。そのために人事管理、人材育成をしっかりと実施する必要がある。人材育成と密接にかかわる要素としてリーダーシップが挙げられる。

1 店舗の人事管理

（1）人事管理の概要

人事管理とは、従業員一人ひとりに関する**採用・配置**、教育訓練、**モラール**向上、**就業規則**遵守、賃金体系などを合理的かつ個別的に管理することです。

（2）職務割当

職務割当とは、従業員一人ひとりに合った仕事を割り当てることです。

職務割当の手順は、①職場に課せられた目的の**明確化**⇒②職能の**体系化**⇒③職務の規定⇒④職務ごとの内容の決定、という流れです。

（3）就業管理

就業管理とは、「従業員に**就業規則**を守らせて職場の秩序を確立・維持するとともに、労働時間や休日などの労働条件を最適なものにして**就業しやすい**条件を維持していく働きかけ」のことです。

労働基準法では、常に10人以上の労働者を使用する使用者は、就業規則を作成し行政官庁に届け出なければならないと規定されています。

補足

職務割当を実施する際には、各従業員の把握が必要である。そのために有効なのが人事考課である。人事考課とは、各従業員の能力や態度・業績を考査する制度で、一般的に昇給や昇進などにも利用されている。

就業規則には、①始業と終業の時刻、休日、②賃金の決定と計算や支払方法、昇給に関する事項、③退職に関する事項、などを必ず記載します。

2 店舗での人材育成

OJT、Off-JT➡P.133

店舗での人材育成ではOJTやOff-JTの他に次のことが行われています。

（1）コーチング

正解を一方的に教えるのではなく、指導者が受講者に質問を繰り返して、受講者が自ら解決策を考えるように導く手法で、近年、取り入れる企業が増えてきています。

（2）人事教育制度の体系と教育訓練

企業では人事教育制度の中で人材教育を用意しています。一般的には、①**階層別**教育、②**選抜型**教育、③職能別教育、④選択型教育などが挙げられます。

■主な教育体系

階層別教育	組織上の階層ごとに全部門から横断的に集める教育
選抜型教育	特に優れた人材や強化したい人材を選んで集中的にトレーニングする教育
職能別教育	部門や職種ごとの縦割の教育。部門別教育・職種別教育・実務教育などともいう
選択型教育	用意された複数メニューから従業員が教育内容を選択する教育。カフェテリア研修ともいう

（3）教育訓練の実施方法

教育訓練にはさまざまな実施方法があります。主なものとして、①一斉講義、②ワークショップ、③通信教育、④eラーニングなどが挙げられます。

■教育訓練の実施方法

一斉講義

ワークショップ

通信教育

e ラーニング

用語

ワークショップ
参加者が自ら参加・体験し、グループの相互作用の中で学びあったり創り出したりする双方向的な教育訓練。

用語

SL理論
P. ハーシーとK. ブランチャードが提唱した代表的なリーダーシップ理論。米国オハイオ大学で研究された。

補足

一般的なリーダーシップの類型には、①指示的リーダーシップ、②民主的リーダーシップ、③放任的リーダーシップがある。

3 店舗でのリーダーシップ

（1）リーダーシップの類型

リーダーシップの代表的な理論である**SL理論**は、「部下の成熟度の度合いによって、リーダーシップのスタイルを変化させる必要がある」という理論で、リーダーシップを部下の成熟度によって4つに分類しています。

■SL理論

（2）動機づけ理論

リーダーの重要な役割の一つに、部下や後輩の**モチベーション**を高めるということがあります。代表的な動機づけ理論として、①**マズローの人間欲求の５段階説**、②**マグレガーの統合理論**（X理論、Y理論）、③**ハーズバーグの動機づけ衛生理論**があります。

■代表的な動機づけ理論

〈人間欲求の５段階説〉

自己実現の欲求	自分を精一杯活かしたい
自我・自尊の欲求	他人から尊敬されたい
社会的・親和の欲求	人々と密接な関係になりたい
安全・安定の欲求	危険や不安から逃れたい
生理的欲求	食べたい、眠りたい

〈統合理論〉

Y理論	人間は仕事が好きなので、自己実現のために自発的に仕事をする
X理論	人間は仕事が嫌いだが、食べていくために仕方なく仕事をする

〈動機づけ衛生理論〉

動機づけ要因	人のやる気の源 ・達成感 ・称賛、承認 ・責任感 ・やりがい ・成長
衛生要因	人のやる気の源 ・給与 ・処遇 ・作業条件 ・人間関係 など

Let's Try 一問一答

○×問題に答え、正解したらチェックマーク☑を入れましょう		
□	①	労働基準法では、常に３人以上の労働者を使用する使用者は、就業規則の作成の義務を負う。
□	②	コーチングでは、最初に受講生に対して徹底的に知識を教える。
□	③	SL理論では、部下の成熟度に応じてリーダーシップを分類している。
□	④	SL理論では、リーダーシップを５つに分類している。

【解答・解説】
①×　10人以上である。／②×　質問を繰り返して、自ら答えを導き出させる。／③○　／
④×　４つに分類している。

LESSON 12

店舗施設管理の基本

Check! ／ ／ ／

学習のPOINT

頻出度 ★

小売業は不特定多数の顧客の出入りを歓迎しなければならない業種であるため、万引や強盗などのターゲットになりやすい。多面的な視点で対策を行い、リスクを減らすことが重要である。

1 店舗施設管理の概要

（1）防犯対策

①万引対策

万引問題は、小売業にとって永遠の課題です。対策の基本は、万引を**誘発させない**売場づくりにあります。人的アプローチ、店舗改善、防犯設備の視点から、多面的な対策を講じることが有効です。

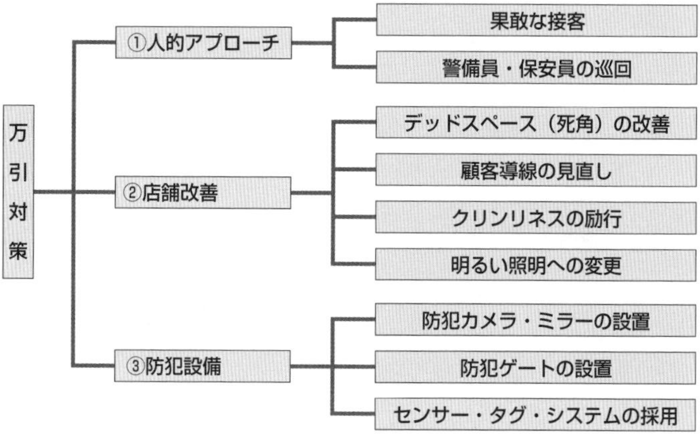

②不審者・強盗対策

小売業にとって、店舗の規模を拡大し、多くの顧客に来店してもらうことは重要ですが、その一方で、どんな目的の顧客が来店しているか把握しにくくなるリスクがあります。そのため、小売業は常に危険と隣り合わせということを認識し、店内での対策、店外での対策、侵入窃盗への対策を行うことが求められます。

補足

不審者・強盗への対策のうち、店内での対策としては、「レジからのこまめな売上金回収」「防犯訓練の実施」などがあり、店外での対策としては、「照明の強化」「防犯カメラの設置」などが有効である。

③防火対策

小売店の防火対策の基本は、店内・店外に**可燃性**の高いものや不審物を置かないことです。その上で、**防火**管理者や従業員を対象に防火対策の講習を受けさせることが有効といえます。また、来店客の不測の事態が発生したときに備えて、店長などを対象に「救急救命講習」の技能講習を受けることも望まれます。

（2）事業継続計画（BCP：Business Continuity Planning）

大地震など、いつ発生するかわからない緊急事態に備えて、平時の活動や緊急事態発生時の対応などを計画し、**文書化**します。事業継続計画により、事業資産の損害を最小限にして、中核事業の継続や早期復旧を可能にします。

2 食品の衛生管理

（1）食品衛生の重要性

食品衛生に対する社会的関心は年々高まっています。衛生管理レベルの向上を図り、競合店との差別化や顧客の信頼獲得を図る戦略が重要です。

（2）食品衛生管理体制

①食品衛生責任者

食品の製造・販売、処理、飲食などの食品を扱う**営業所**で、**営業者**の指示にしたがって食品の衛生管理をする人です。営業者は、施設ごとに、自ら食品衛生責任者になるか、従業員から食品衛生責任者１人を選ぶかします。

食品衛生責任者は、食品衛生の最新情報を常時取得するために、食品衛生実務講習会を受けることが望まれます。

②食品衛生監視員

食品工場・飲食店・スーパーマーケットなどの食品衛生の監視･指導や食品などの**抜き取り検査**などをする人です。厚生労働省や都道府県、市区町村に配置されています。

補足

食品衛生監視員は、売場で、外衣が清潔か、変敗品がないか、表示項目が適切かなどを監視する。

（3）食中毒の種類

食中毒には、**細菌性**食中毒や**自然毒**食中毒、**化学性**食中毒、アレルギー性食中毒などの種類があります。**細菌性**食中毒には、感染型や毒素型などがあります。

感染型は細菌自体が問題を起こすものです。主な原因菌には、納豆や卵製品に多い**サルモネラ**、魚介類に多い腸炎ビブリオ、貝類や人からの二次感染がある**ノロウイルス**があります。

毒素型は細菌が食品中で増える際につくる毒素が問題を起こすものです。主な原因菌には、手荒れや化膿巣から増える**ブドウ球菌**、土壌や動物の糞便から増える**ボツリヌス菌**、土壌から増えるセレウス菌があります。

■細菌性食中毒の種類

感染型	毒素型	その他
サルモネラ	ブドウ球菌	ウェルシュ菌
腸炎ビブリオ	ボツリヌス菌	病原性大腸菌
ノロウイルス	セレウス菌	

Let's Try 一問一答

○×問題に答え、正解したらチェックマーク☑を入れましょう

□	①	万引対策では、人的アプローチ、店舗改善、防犯設備の視点からの多面的な対策が有効である。
□	②	事業継続計画（BCP）は、文書化しておく。
□	③	営業者は、自ら食品衛生管理者になることができない。

【解答・解説】
①○　／②○　／③×　営業者は、自ら食品衛生管理者になることができる。

付録

重要ポイントまとめてチェック

各 LESSON の重要ポイントをピックアップしてまとめています。本試験直前の最終チェックなどに活用しましょう。付属の赤シートを使うと効果的です。

1 小売業の類型

Lesson 1	**流通の社会的役割**：生産と消費の間にある所有者や場所、時期、保有する商品情報などの違いをつなぐ(⇒p.14) **取引総数単純化の原理**：流通業が介在すると取引数が減る(⇒p.14) **集中貯蔵の原理**：流通業が在庫を集中的に保有すると在庫が減る(⇒p.15)
Lesson 2	**調達物流**、生産物流、販売物流、回収物流がある(⇒p.18) 輸送・配送は空間の隔たりを橋渡しし、保管は時間の隔たりを橋渡しする(⇒p.18) **包装**：個装、内装、外装がある(⇒p.19) **流通加工**：生産段階の価値を変化させず、流通で価値を高める(⇒p.19)
Lesson 3	**アコーディオン理論**：品ぞろえの総合化と専門化の繰り返し(⇒p.23)
Lesson 4	**スーパーセンター**：豊富な品ぞろえとEDLPの低価格販売(⇒p.26) **ホールセールクラブ**：一般消費者も対象にした卸売形態(⇒p.26)
Lesson 5	チェーンストアは、規格化された運営で多店舗展開(⇒p.30) 共通する商品や棚割・ディスプレイを、本部が決定する(⇒p.31) セントラルバイング・システムで、仕入単価引下げと過剰在庫防止(⇒p.32)
Lesson 6	**VC**：独立した加盟店が集まって本部を設立(⇒p.33) **FC**：別資本の本部と加盟店が契約、本部のシステムを加盟店がロイヤルティを支払って活用する(⇒p.34) **RC**：単一の法人組織が直営店を運営する(⇒p.35)
Lesson 7	**ライフスタイルアソートメント型**：品種を広げてSKUを絞る(⇒p.37) **リミテッド&デプス型**：品種を絞り、SKUを広げる(⇒p.37) 百貨店は自主マーチャンダイジングを強化している(⇒p.38)
Lesson 8	**店舗型ネットスーパー**：既存の店舗の商品や人員を活用(⇒p.40) **倉庫型ネットスーパー**：ネットスーパー専用の商品や人員が必要(⇒p.40) **ホームセンターの商品**：商品回転率が低いものが多い(⇒p.42)
Lesson 9	**ドラッグストア**：H&BCカテゴリーを扱う(⇒p.43) **コンビニエンスストア**：FCで多店舗展開し、単品管理する(⇒p.44)

Lesson10	生協は、消費生活協同組合法に基づいている(⇒p.47) 生協は、組合員が共同で商品の購入などを行う組合組織(⇒p.47) 生協の加入と脱退は原則自由(⇒p.47)

2 マーチャンダイジング

Lesson 1	商品計画→販売計画→仕入計画の順に計画する(⇒p.51) チェーンストアにおいて、補充発注は店舗の役割(⇒p.53)
Lesson 2	品ぞろえ階層では、上位からライン（品群）→クラス（品種）→アイテム（品目）→SKUの順で下位になっている(⇒p.55､56)
Lesson 3	予算編成：トップダウン方式、ボトムアップ方式、折衷方式(⇒p.60)
Lesson 4	売上高－変動費＝限界利益(⇒p.62) 限界利益－固定費＝目標利益(⇒p.62) 損益分岐点売上高＝固定費÷（1－変動費率）(⇒p.62) 変動費率＝変動費÷売上高×100(⇒p.62)
Lesson 5	買取仕入：仕入時に代金支払が約束される(⇒p.66) 委託仕入：仕入先から販売委託され、販売手数料が支払われる(⇒p.66) 消化(売上)仕入：仕入先の商品を、消費者に売れた分だけ、小売業が仕入れて販売したとみなす(⇒p.66)
Lesson 6	最寄品：食料品など。購買頻度や商品回転率が高い。低価格(⇒p.69) 買回品：ファッション衣料など。最寄品と専門品の中間(⇒p.69) 専門品：車など。購買頻度や商品回転率は低い。高価格(⇒p.69)
Lesson 7	プロダクトライフサイクル：導入期→成長期→成熟期→衰退期(⇒p.73)
Lesson 8	リベート：事後的に割戻金などをキャッシュバックする(⇒p.77) アローワンス：仕入先への協力など、事前に支払条件が決まっている(⇒p.77)
Lesson 9	スケマティック・プラノグラム：売上と利益を予測し、定番ゴンドラの収益を最大化する棚割システム(⇒p.81)
Lesson10	商品回転率を一定に保つと、売れている商品の最大在庫が多くなり、売れていない商品の最大在庫が少なくなる(⇒p.85)
Lesson11	単品（SKU）単位で商品回転率（売上高÷平均在庫高）を管理する(⇒p.87､89)

Lesson12	商品ロスは、通常金額で把握する(⇒p.92) 商品ロスには、値下ロス、商品廃棄ロス、棚卸ロスがある(⇒p.92) 棚卸ロスの原因には、万引、盗難、従業員の不注意・不正・ミスがある(⇒p.93)
Lesson13	重点管理分野を発見する手法にABC分析（パレート分析）がある(⇒p.95) POSシステムには店舗運営を向上させるハードメリットと、データ分析するソフトメリットがある(⇒p.96) 商品識別用バーコードはJANコード。集合包装用バーコードはITFシンボル(⇒p.97)
Lesson14	TC：在庫を持たない通過型物流センター(⇒p.101) DC：在庫を持つ在庫型物流センター(⇒p.101) PC：加工処理センター(⇒p.101)
Lesson15	ディマンドチェーン（DC、需要連鎖）： 消費者→小売業→卸売業→生産者とつながる(⇒p.104)
Lesson16	CRP：サプライヤーが需要予測→小売業の倉庫に自動補充(⇒p.109) CPFR：小売業とサプライヤーが共同で需要予測して自動補充(⇒p.109)

3 ストアオペレーション

Lesson 1	売上高を増やす：販売機会ロス防止、関連購買促進(⇒p.114) 粗利益率を増やす：仕入価格引下、高粗利益率商品販売(⇒p.115) 営業利益を増やす：粗利益に応じた人件費、売上や粗利益に応じた賃借料、費用対効果の高い広告宣伝(⇒p.115、116)
Lesson 2	EOS：電子受発注システム(⇒p.118) 最低陳列数量：販売数量が急速に減少する陳列数量(⇒p.118) 最低陳列数量を下回ったら欠品と考える(⇒p.118)
Lesson 3	カラーストライプ陳列：縦じま模様をつくる(⇒p.121) コーディネート陳列：関連のある商品を組み合わせて提案する(⇒p.121)
Lesson 4	補充型陳列（オープンストック）：定番商品のセルフサービス販売で採用される。前進立体陳列、上げ底陳列などがある(⇒p.124) 展示型陳列（ショーディスプレイ）：対面販売での採用が多い。着せつけ陳列、スタンド陳列などがある(⇒p.125)

Lesson 5	**AIDMAの原則**：注目→興味→欲望→記憶→行動(⇒p.129) **ビジュアルマーチャンダイジング（VMD）**：SP（売場外から売場内に顧客を引き込む）→CP（売場内の商品コーナーに引き込む）→IP（商品コーナー内の特定商品に引き込む）(⇒p.130)
Lesson 6	作業割当表を作成する際には重点作業を優先し、週間ベースで作成する(⇒p.132) パートタイマー・アルバイトは、作業マニュアルを整備し、OJTで育成する(⇒p.132)
Lesson 7	**LSP**：作業と作業量を明確にし、作業ごとに必要な従業員と適正な作業員数（人時）を振り分ける(⇒p.134)
Lesson 8	アプローチで興味段階の顧客に近づく(⇒p.139) 商品提示で連想や欲望を高める(⇒p.139) 商品説明で比較を助ける(⇒p.139)

4 マーケティング

Lesson 1	**無差別的セグメント**：最寄品や消耗品の小域商圏販売向き(⇒p.144) **差別的セグメント**：買回品や専門品の広域商圏販売向き(⇒p.145) **ナショナルブランド**：メーカーが所有するブランド(⇒p.146) **プライベートブランド**：流通業主体のブランド(⇒p.146) **ブランドの機能**：識別機能、出所表示機能、品質保証機能、象徴機能、情報伝達（広告）機能、資産機能がある(⇒p.146)
Lesson 2	価格設定の方式には、原価に基づくコストプラス法や、競争商品・代替商品の価格を基準にする方式、顧客の購買心理に働きかける方式などがある(⇒p.148) **ドロシーレーンの法則**：一定割合の商品を少しずつ安くすると、全体的に安いというイメージを与える(⇒p.149)
Lesson 3	**来店促進策**：Pull戦略。広告、PR・パブリシティ、口コミ(⇒p.153) **販売促進策**：Push戦略。人的販売、非人的販売(⇒p.153) **購買促進策**：Put戦略。フロアマネジメント、シェルフマネジメント、ビジュアルマネジメント(⇒p.153)
Lesson 4	**商圏把握のための考慮要素**：アクセス上の要因・競争上の要因・地理的要因・社会生活要因・心理的要因がある(⇒p.157)

Lesson 5	**小売中心性指標**：都市の人口１人当たり小売販売額÷その地域を含む県内の人口１人当たり小売販売額。１を超えて都市の人口１人当たり小売販売額の方が多いと、周辺都市から購買力が流入している(⇒p.160) **ドミナント型出店**：特定地域に計画的・継続的に集中出店(⇒p.161) **大型拠点型出店**：超大型店舗をつくり、広範な地域から顧客を吸引(⇒p.161)
Lesson 6	**資料分析**：家計調査・商業統計調査・人口統計など既存の資料を分析する(⇒p.164、166) **市場実査**：質問法・観察法・実験法など市場から直接情報を収集する(⇒p.164、165)
Lesson 7	**導入期**：店頭での宣伝・サンプル提供(⇒p.169) **成長期**：商品の特徴をプロモーション・接客の質を高める・他店との差別化(⇒p.169) **成熟期**：値引きなどの延命策・サポートサービスの充実(⇒p.169) **衰退期**：値引き販売・見切り市の開催(⇒p.169)
Lesson 8	**FSP**：優良顧客を優遇して、維持する(⇒p.172) **CRM**：顧客をグルーピングして、グループごとに販売促進を変える(⇒p.173、174)

5 販売・経営管理

Lesson 1	**債務不履行**：履行遅滞・不完全履行・履行不能(⇒p.177) 債務不履行が発生した場合、催告して（履行不能は催告不要）契約を解除できる(⇒p.177) **絶対的記載事項**：小切手に必ず記載しなければならない事項(⇒p.178) **任意的記載事項**：小切手に記載してもしなくてもよい事項(⇒p.178) **有害的記載事項**：記載すると小切手が無効になる事項(⇒p.178)
Lesson 2	**不当な取引制限**：カルテルなど、相互に事業活動を拘束する(⇒p.184) **不公正な取引方法**：協賛金・押付け販売・従業員の派遣要請など公正な競争を阻害する恐れのあるもの(⇒p.184) **割賦販売法**：割賦販売（自社割賦）・信用購入あっせん（包括・個別）・前払式特定取引などに適用される(⇒p.185)
Lesson 3	**個人情報取扱事業者**：個人情報データベースなどをその事業活動に利用している者。個人情報保護法の適用対象になる(⇒p.189)

Lesson 4	相乗積＝**売上構成比**(％)×**粗利益率**(％)(⇒p.191)
Lesson 5	**期首商品棚卸高**＋純仕入高－**期末商品棚卸高**＝売上原価(⇒p.194) 純売上高－**売上原価**＝**売上総利益**(⇒p.194)
Lesson 6	**人時**生産性＝粗利益高÷総労働時間(⇒p.197) **労働**分配率＝総人件費÷粗利益高(⇒p.198)
Lesson 7	**損益計算書**：**収益**・**費用**・**利益**で一定期間の経営成績を示す(⇒p.201) **貸借対照表**：**資産**・**負債**・**純資産**で一定時点の財政状態を示す(⇒p.201、202)
Lesson 8	**収益性分析指標**：**売上高**総利益率・**売上高**営業利益率・**売上高**経常利益率(⇒p.204、206) **安全性分析指標**：**流動**比率・**当座**比率・**固定**比率・固定長期適合率・自己資本比率(⇒p.204、206) **効率性分析指標**：**売上債権**回転率・売上債権回転期間・**仕入債務**回転率・仕入債務回転期間・**棚卸**資産（商品）回転率・平均在庫日数（商品回転期間）(⇒p.205、206)
Lesson 9	**主な組織の原則**：**三面等価**の原則、指令系統の統一化の原則、統制範囲の原則、専門化の原則、**権限委譲**の原則(⇒p.208、209)
Lesson10	**職務割当**：**職務分析**と従業員の意思や適性をなるべく一致させる(⇒p.212) **パートタイム・有期雇用労働法**：パートタイム・有期雇用労働者と正規従業員の**均等**・**均衡待遇**(⇒p.213)
Lesson11	**指示的リーダーシップ**：**指示**が主体で支援は少ない。習熟度が低い対新人向き(⇒p.218) **説得的リーダーシップ**：**指示**を減らし、支援を増やして自分で考えさせるようにする。対若手向き(⇒p.218) **参加的リーダーシップ**：**指示**を減らし、支援も減らして必要以上の介入はしない。対中堅向き(⇒p.218) **委任的リーダーシップ**：権限を大きく**委譲**する。対ベテラン向き(⇒p.218)
Lesson12	**事業継続計画（BCP）**：**緊急事態**への備えや緊急事態発生時の対応を**文書化**したもの(⇒p.221)

第１回 予想模擬試験

この「予想模擬試験」は、第１回・第２回とも実際の試験に即した問題形式・構成になっています。時間配分を意識し、本試験をイメージしながら問題を解いてみましょう。試験時間は 70 分、１解答５点です（本試験と同じ時間・配点です。なお、本試験はインターネットを介して実施されます）。また、間違えた問題については必ず復習し、再度チャレンジしてください。
「解答・解説」は別冊となっています。予想模擬試験終了後、採点と弱点補強のため、ご活用ください。

①小売業の類型

次の各問について、正しいものは○を、誤っているものは×をつけなさい。

（1） 流通業には、生産と消費をつなぐ経済的役割と、流通費用を節約する社会的役割がある。

（2） ユニットロードシステムでは、輸送時の荷姿などを標準化する。

（3） 弁証法的仮説は、生物学の発想で小売業態の変化を説明している。

（4） ホールセールクラブは、事業者限定の、会員制現金販売専門店である。

（5） 標準化政策を実施すると、ローコストオペレーションを推進できる。

（6） ボランタリーチェーンでは、資本的に独立した複数の小売業が、独立形態を放棄した状態で集まる。

（7） リミテッド＆デプス型の品ぞろえでは、品種を絞ってSKUを広げる。

（8） 倉庫型ネットスーパーは、店舗の商品倉庫を活用する。

（9） ドラッグストアにおいて、登録販売者は、第２類・第３類の一般用医薬品を販売できる。

（10） 生協加入時に徴収された入会金と出資金のうち、出資金は脱退時に返却される。

次の各問の【　】の部分にあてはまる答えについて、選択肢から選びなさい。

(11)　流通を集中的に行うと、製品1個当たりの流通コストが安くなることを、【　】の原理という。

1．取引総数単純化　　2．集中貯蔵
3．情報縮約・整合　　4．規模の経済

(12)　情報流のうち、商流（所有権移転）に関する情報は、【　】である。

1．需要情報　　2．競争情報
3．取引情報　　4．物流情報

(13)　小売の輪の理論は、新しい革新的業態が生まれるサイクルを、【　】面から説明した理論仮説である。

1．販売促進　　2．価格　　3．品ぞろえ　　4．立地

(14)　メーカーから店舗に直接輸送する【　】は、品ぞろえが少品種少品目の店舗への輸送に適している。

1．直送　　2．センター納品　　3．共同配送　　4．3PL

(15)　アメリカ・マーケティング協会は、「単一資本で【　】店舗以上を直接運営する小売業あるいはフードサービス業」とチェーンストアを定義している。

1．10　　2．11　　3．12　　4．14

(16)　単一の法人組織のもとで、同一形態の直営店を、標準化されたルールで多店舗展開する組織形態は、【　】である。

1．ボランタリーチェーン　　2．フランチャイズチェーン
3．レギュラーチェーン　　4．消費生活協同組合

(17)　百貨店が、自ら商品を買い取りリスクを負って販売することを、【　】という。

1．消化　　2．委託

3．仲介　　4．自主マーチャンダイジング

(18)　ホームセンターとは、大型店舗に【　】商品を中心とした生活関連用品を幅広く品ぞろえした小売業である。

1．H&BC　　2．DIY　　3．高額　　4．低額

(19)　スーパーセンターは、【　】といわれる価格政策が特徴である。

1．EDLP　　2．EDLC

3．ハイ&ロー　　4．ロスリーダー

(20)　組合員の代表による、生協の意思決定の最高機関は、【　】である。

1．総(代)会　　2．理事会

3．代表理事　　4．監事

②マーチャンダイジング

次の各問について、正しいものは○を、誤っているものは×をつけなさい。

(21)　アメリカ・マーケティング協会は、マーチャンダイジングを、メーカーと共同で行うものと考えている。

(22)　商品計画の立案手順は、重点的目標の設定から始まる。

(23)　実際売上高が予算売上高を下回る差異は、不利差異である。

(24)　損益分岐点が小さい方が、利益を上げるために必要な売上高が少なくなる。

(25)　行政の統計資料などは1次情報と呼ばれる。

(26)　定番品は、技術革新の激しい商品よりプロダクトライフサイクルが短い。

(27)　スケマティック・プラノグラムは、購買需要予測型棚割システムである。

(28)　平均在庫高を増加させることや、売上高を減少させることは、商品回転率を高める方法になる。

(29)　ABC分析では、最初にカテゴリー別の商品を売上金額の少ない順に並び替える。

(30)　サプライチェーンは供給連鎖といわれ、ディマンドチェーンは需要連鎖といわれる。

次の各問の【　】の部分にあてはまる答えについて、選択肢から選びなさい。

(31) マーチャンダイジング・サイクルは、【　】から始まる。
1．商品計画　2．販売計画
3．仕入計画　4．値入、価格設定

(32) 顧客ニーズに合った商品を選び、選んだ複数の商品をあるテーマに合わせて分類し、組み合わせて編集することを【　】という。
1．コーディネート陳列　2．フロアレイアウト
3．デパートメント　4．アソートメント

(33) 価格差異は（実際価格－予算価格）×【　】で求める。
1．実際販売数量　2．実際価格
3．予算販売数量　4．予算価格

(34) 目標利益を実現する必要売上高は（目標利益＋固定費）÷【　】で求める。
1．限界利益　2．限界利益率
3．（1＋変動費率）　4．変動費率

(35) コープランドによる購買慣習基準の商品分類のうち、ブランドロイヤルティやストアロイヤルティが購買に強い影響を与えるのは、【　】である。
1．最寄品　2．買回品　3．専門品　4．日用品

(36)　【　】とは、一定期間の仕入高が多い小売業などに対して、仕入先企業が、事後的に割戻金などキャッシュバックをすることである。
1．コミッション　2．マージン
3．リベート　4．アローワンス

(37)　過剰在庫により、【　】が減少する。
1．在庫金利　2．商品ロス
3．死に筋商品　4．粗利益

(38)　死に筋商品の発生による商品ロスは、【　】に分類される。
1．値下ロス　2．商品廃棄ロス
3．販売機会ロス　4．棚卸ロス

(39)　原則として、在庫を保有しない通過型物流センターは、【　】である。
1．TC　2．DC　3．PC　4．QR

(40)　商品発送側から送り先に発信する事前出荷明細を、【　】という。
1．SCMラベル　2．ITFラベル　3．ASN　4．ECR

③ストアオペレーション

次の各問について、正しいものは○を、誤っているものは×をつけなさい。

(41)　客単価は買上点数×客数で求める。

(42)　陳列数量が一定以下になると販売数量が急速に増加することがあるが、その一定数量が最低陳列数量である。

(43)　動きの早い商品はフェイスを大きく取って、補充の効率化を図る。

(44)　コーディネート陳列は、無関連の商品を組み合わせて提示する。

(45)　フロアレイアウトでは、ゾーンごとに商品カテゴリーを効果的な売場へ計画的・連続的に配置する。

(46)　天井などから商品を吊るす展示型陳列を、吊下げ陳列という。

(47)　照明やPOP広告は、ビジュアルマーチャンダイジングの展開要素である。

(48)　Off-JTは、職場（現場）で実習を訓練する。

(49)　効率的店舗運営のためには、日々の売上高を正確に予測する必要がある。

(50)　アプローチでは、セリングポイントを打ち出し、具体性を持って商品を勧める。

次の各問の【　】の部分にあてはまる答えについて、選択肢から選びなさい。

(51)　【　】が大きいと人件費負担が重いことになる。

1．人時生産性　　2．売上原価率
3．売価値入率　　4．労働分配率

(52)　EOSでは、店舗にある【　】を通じて仕入先へ発注を行う。

1．スケマティック・プラノグラム　　2．ストアコントローラ
3．POSレジ　　4．LSPシステム

(53)　正確な実在庫を把握する業務が、【　】である。

1．棚割　　2．棚卸
3．棚替　　4．シェルフマネジメント

(54)　前進立体陳列は、【　】を主体とした売場に適した方法である。

1．セルフサービス販売　　2．対面販売
3．推奨販売　　4．側面販売

(55)　補充型陳列は、一般的に、【　】を効率的に補充し、継続的に販売するディスプレイである。

1．流行商品　　2．定番商品
3．季節商品　　4．初期商品

(56)　物語の1コマのような劇的に表現する展示型陳列を、【　】という。

1．着せつけ陳列　　2．シンボライズ陳列
3．ドラマチック陳列　　4．掛け陳列

(57)　顧客が商品に気づいてから購入を決めるまでの心理過程に、【　】の原則がある。

1．IADMA　2．MAIDA　3．AIAMD　4．AIDMA

(58)　作業割当表は、【　】ベースで作成することに注意する。

1．1日　2．週間　3．月間　4．年間

(59)　発注の事前事後作業に500秒、1品目の発注所要時間が40秒で200品目発注する場合、1回の発注時間は、【　】である。

1．500秒　2．1,300秒　3．8,000秒　4．8,500秒

(60)　購買心理過程は、【　】で終わる。

1．満足　2．決定　3．信頼　4．欲望

④マーケティング

次の各問について、正しいものは○を、誤っているものは×をつけなさい。

(61)　小域でターゲットを絞り込まない無差別的セグメントは、買回品や専門品を取り扱う小売業に向いている。

(62)　コストプラス法は、顧客の購買心理に働きかける価格設定の方式である。

(63)　リージョナルプロモーションの3P戦略は、Pull戦略、Push戦略、Personal戦略で構成される。

(64)　新たな顧客となる可能性を持つ範囲の商圏を、潜在的商圏という。

(65)　大型拠点型出店には、距離的な近さによる物流コストの低減というメリットがある。

(66)　パネル調査では、被調査者を固定して、一定期間同じ質問を繰り返す。

(67)　全体の中から、特定の人を抽出し、それらの意見から全体像を探ろうとする方法を、サンプリングという。

(68)　広告目的の分類には、情報提供型や説得型、想起型がある。

(69)　インターネット上にある、事業に役立つ知見を導出するための大量のデジタルデータを、ビッグデータという。

(70)　FSPでは、優良顧客よりも、一般顧客の来店頻度向上をねらう。

次の各問の【　】の部分にあてはまる答えについて、選択肢から選びなさい。

(71)　言葉として表現されたブランドの部分で発音可能なものを、【　】という。

1．ブランドマーク　2．ブランドネーム
3．ブランドイメージ　4．ブランドエクイティ

(72)　複数企業が結託して価格を上げたり下げたりする行為を、【　】という。

1．カルテル行為　2．不当廉売
3．拘束条件付取引　4．再販売価格維持行為

(73)　買った人全員に渡すプレミアムを、【　】という。

1．売場プレミアム　2．応募プレミアム
3．添付プレミアム　4．クーポン式プレミアム

(74)　個人の生活パターンは、商圏を把握する【　】の一つである。

1．アクセス上の要因　2．競争上の要因
3．社会生活要因　4．心理的要因

(75)　大規模小売店舗立地法は、【　】と大型店との調和を図るための法律である。

1．地元の中小小売業　2．地域住民の住環境
3．地域の災害対策　4．超高齢社会

(76)　【　】では、世帯の支出の仕方がわかる。

1．人口動態調査　2．経済構造実態調査
3．家計調査　4．国勢調査

(77)　多数の項目の変化を分析・要約して目的のもとに統合する分析手法を、【　】という。

1．ABC分析　　2．多変量解析
3．回帰分析　　4．クラスター分析

(78)　【　】は、インストアプロモーションの非人的販売活動に分類される。

1．店内催事　　2．消費者コンテスト
3．消費者教育　　4．サンプル提供

(79)　商品のライフサイクルのうち、商品の認知度を高め、どんな満足が得られるかを消費者にPRするのは、【　】である。

1．導入期　　2．成長期　　3．成熟期　　4．衰退期

(80)　来店頻度の高い順に10通りに分割して分析する手法は、【　】である。

1．データマイニング　　2．回帰分析
3．デシル分析　　4．プロファイリング

⑤販売・経営管理

次の各問について、正しいものは○を、誤っているものは×をつけなさい。

(81) 当事者同士の合意があっても、書面の記載がなければ、契約は成立しない。

(82) 売買契約は片務契約である。

(83) 不正競争防止法では、違反者に刑罰が科される。

(84) 粗利益率が低い商品の売上構成比を下げて、粗利益率が高い商品の売上構成比を上げると、全体粗利益率は上がる。

(85) 人時生産性の計算式は、粗利益率×1人1時間当たり担当坪数×坪当たり在庫数×商品回転率と展開できる。

(86) 1年以内に支払わなければならない負債を、固定負債という。

(87) 1人の管理監督者が統制できる人数には上限がある。

(88) 人事考課では、職務明細書などにより、業績面と態度面が点数で示される。

(89) 正解を一方的に教えるのではなく、受講者が自ら解決策を考えるように導く人材育成手法をコーチングという。

(90) 整理整頓されて清掃が行き届いている売場を保つことは、万引対策になる。

次の各問の【　】の部分にあてはまる答えについて、選択肢から選びなさい。

(91)　小切手に記載すると小切手が無効になる事項を、【　】という。

1．絶対的記載事項　　2．任意的記載事項
3．有益的記載事項　　4．有害的記載事項

(92)　事業者が重要事項について事実と異なることを告げる【　】により、消費者が誤認して行った承諾の意思表示は取り消すことができる。

1．断定的判断の提供　　2．不実告知
3．不利益事実の不告知　　4．退去妨害

(93)　商標権の有効期間は満【　】で、更新可能である。

1．5年間　　2．10年間　　3．15年間　　4．20年間

(94)　期首商品棚卸高10,000円、純仕入高50,000円、期末商品棚卸高20,000円の場合、売上原価は【　】である。

1．20,000円　　2．40,000円
3．60,000円　　4．80,000円

(95)　労働生産性2,000万円、労働分配率20%の場合、1人当たりの平均人件費は【　】である。

1．150万円　　2．300万円
3．400万円　　4．600万円

(96)　売上高が200,000円、受取手形が20,000円、売掛金が20,000円の場合、売上債権回転率は【　】になる。

1．5回　　2．10回　　3．15回　　4．30回

(97)　組織における三面等価の原則では、職務を明らかにするために、【　】が等しい価値を持っていなければならない。

1．計画・行動・評価　2．仕入・在庫・販売
3．責任・権限・義務　4．目標・成長・現状

(98)　人事管理の領域のうち、労働時間は、【　】に分類される。

1．人事管理情報　2．人間関係管理
3．労働関係管理　4．労働条件管理

(99)　組織上の階層ごとに全部門から横断的に集める教育法を、【　】教育という。

1．階層別　2．選抜型　3．職能別　4．選択型

(100)　緊急事態に備えた平時の活動や緊急事態発生時の対応などを計画・文書化したものを、【　】という。

1．LSP　2．BCP　3．FSP　4．BEP

第2回 予想模擬試験

①小売業の類型

次の各問について、正しいものは○を、誤っているものは×をつけなさい。

（1） 所有権のフローを商流という。

（2） 個装された商品をダンボールなどに入れて物流活動をしやすくする包装を、内装という。

（3） アコーディオン理論は、サービス面に焦点を当てて、小売業の業態変化や発展過程を説明する理論仮説である。

（4） 海外進出先の消費者ニーズに合わせて、店舗の品ぞろえや商品の品質、価格などを変動させることを、グローバル化という。

（5） セントラルバイング・システムのチェーン組織の店舗では、地域性を軽視した画一的な品ぞろえになる。

（6） 他人資本の活用で急速に多店舗展開できるのは、フランチャイザーのメリットである。

（7） 百貨店は、高級（比較的高額）な商品を扱い、セルフサービス方式主体で販売するホスピタリティとサービスを提供している。

（8） バラエティ型ホームセンターでは、コモディティ商品の低価格販売で来店率を高める。

（9） フランチャイズシステムでは、加盟店から本部にロイヤルティが支払われる。

（10） 生協の組合の出資・利用・運営は組合員が行う。

次の各問の【　】の部分にあてはまる答えについて、選択肢から選びなさい。

(11)　流通業が集中的に在庫を保有すると、流通全体の在庫量が減ることを、【　】の原理という。
1．不確実性プール　　2．情報縮約・整合
3．取引総数単純化　　4．範囲の経済

(12)　材料購買や商品仕入にかかわる物流を、【　】という。
1．生産物流　　2．調達物流
3．販売物流　　4．回収物流

(13)　専門店とは、特定の商品が【　】％以上を占める小売業をいう。
1．60　　2．70　　3．80　　4．90

(14)　市場に強い影響力を持つ巨大小売業のうち、積極的な海外進出を推進している企業を、【　】という。
1．グローバルリテーラー　　2．グローバルホールセラー
3．グローバルメーカー　　4．ローカルリテーラー

(15)　大量仕入などの理由で、小売業が仕入先との仕入交渉で発揮する交渉力を、【　】という。
1．マス・マーチャンダイジング
2．マーケット・カバレッジ
3．バイングパワー
4．スペシャライゼーション

(16) ボランタリーチェーン本部の指導と加盟店の協調性を重視するボランタリーチェーン経営の原則は、【　】の原則である。

1．利益性　2．共同

3．調整　4．地域社会への貢献

(17) 小売業が卸売業や製造業の機能まで担って、自社ブランドを確立する業態を、【　】という。

1．ERP　2．SCM　3．DCM　4．SPA

(18) メーカーで製造され、冷蔵が必要で日持ちのしない食品は、【　】といわれる。

1．生鮮三品　2．日配品

3．グロサリー　4．冷凍品

(19) フランチャイズシステムにおける本部の巡回指導員を、【　】という。

1．スーパーバイザー　2．フランチャイジー

3．マーチャンダイザー　4．ディストリビュータ

(20) 生協が行う食料品や日用品の共同購入は、【　】事業である。

1．利用　2．共済　3．物資の購買　4．生活文化

②マーチャンダイジング

次の各問について、正しいものは○を、誤っているものは×をつけなさい。

(21)　マーチャンダイジング・サイクルにおいて、店舗で検収した商品は、棚割表に合わせて、売場に補充する。

(22)　生産（ブランド）体系では、顧客側の商品の比較しやすさや選びやすさに配慮して商品構成の階層を決定する。

(23)　販売計画の立案では、最初に、内部情報である業界動向や、外部情報である販売実績を分析する。

(24)　変動費率は、変動費を固定費で割って求める。

(25)　最寄品は、消費者がその購買に多くの時間と労力をかけないという特徴がある。

(26)　価格の上限と下限の範囲をプライスゾーンという。

(27)　商品回転率を同一に保つことは、在庫の削減につながる。

(28)　商品ロスは、帳簿在庫より実地在庫が多い場合の差分である。

(29)　物流業務だけを扱う、商品売買の当事者以外の物流専門業者は、3PLと略される。

(30)　CPFRは、実需ベースの小売業の在庫不足分を、サプライヤーが自動補充する仕組みである。

次の各問の【　】の部分にあてはまる答えについて、選択肢から選びなさい。

(31)　チェーン組織において、各店舗への商品の送り込みについて時期や数量を調整する専門スタッフは、【　】である。

1．店舗マネージャー　　2．ディストリビュータ
3．スーパーバイザー　　4．マーチャンダイザー

(32)　商品構成の階層におけるアイテムとは、【　】のことである。

1．品群　　2．品種　　3．品目　　4．単品

(33)　予算管理が賞罰の基準となり、長期的視点からの行動を排除する状況を【　】という。

1．組織の硬直化　　2．トップダウン予算
3．ボトムアップ予算　　4．予算の逆機能

(34)　損益がゼロになる売上高を、【　】という。

1．目標売上高　　2．固定売上高
3．損益分岐点　　4．変動売上高

(35)　商品の所有も保管も販売も仕入先が行う仕入形態は、【　】仕入である。

1．買取　　2．委託　　3．消化　　4．集中

(36)　プロダクトライフサイクルのうち、新規参入が増加するのは【　】である。

1．導入期　　2．成長期　　3．成熟期　　4．衰退期

(37)　メーカーにとって、棚割の出来が【　】の拡大につながる。

1．コミッション　　2．インストアシェア

3．リベート　　　　4．マージン

(38)　単品管理では、商品を【　】単位で分類して、販売数量の計画と実績を把握する。

1．ライン　　2．クラス　　3．アイテム　　4．SKU

(39)　【　】には、GTIN-14が印字される。

1．単品識別用バーコードのバー部分

2．集合包装用バーコードのバー部分

3．単品識別用バーコードのコード部分

4．集合包装用バーコードのコード部分

(40)　サプライチェーンに必要な流通情報のうち、需要情報や競争情報は、【　】に含まれる。

1．市場情報　　2．取引情報

3．物流情報　　4．販売促進情報

③ストアオペレーション

次の各問について、正しいものは○を、誤っているものは×をつけなさい。

(41) クロスマーチャンダイジングは買上点数の向上を図るための技術である。

(42) 最低陳列数量は、商品ごとに違う。

(43) パイルアップ陳列は、商品を組み合わせながら横に広く広げる陳列方法である。

(44) ハンガー陳列は、セルフサービス販売以外でも多く利用される。

(45) 補充型陳列では、前進立体陳列にする。

(46) マグネットコーナーは、集視ポイントの一つである。

(47) ビジュアルマーチャンダイジングとは、聴覚面から消費者に訴求する売場づくりを行う技法である。

(48) 作業割当表の作成では、人件費に直結する重点作業を優先する。

(49) LSPの基本原則は、作業量に注目せず、作業を明確にし、作業ごとに必要な従業員を振り分けることである。

(50) セルフサービス販売には、手厚い接客で固定客化しやすいという長所がある。

次の各問の【　】の部分にあてはまる答えについて、選択肢から選びなさい。

(51)　店舗の光熱費の低減は、【　】施策の一つである。

1．売上高を増やす
2．粗利益率を減らす
3．販売費及び一般管理費を減らす
4．売上原価を増やす

(52)　EOSは、【　】システムである。

1．電子受発注　　2．電子データ交換
3．販売時点管理　　4．配送管理

(53)　前出しは、【　】に基づいて行われる。

1．販売計画　　2．出勤簿　　3．棚割表　　4．棚卸

(54)　カラーストライプ陳列では、商品の持つ色によって、陳列面に【　】をつくる。

1．格子模様　　2．しま模様
3．花模様　　4．迷彩模様

(55)　補充型陳列では、回転が速く在庫が少ない【　】を意識することが求められる。

1．ハイターン・ハイストック
2．ローターン・ローストック
3．ローターン・ハイストック
4．ハイターン・ローストック

(56)　商品とモチーフ（主題）で象徴的に表現する展示型陳列を、【　】という。

1．ドラマチック陳列　　2．貼りつけ陳列

3．スタンド陳列　　4．シンボライズ陳列

(57)　売場外の顧客を売場に引き込むビジュアルマーチャンダイジングを、【　】という。

1．SP　　2．CP　　3．PP　　4．IP

(58)　人時生産性は、【　】を総労働時間で割って求める。

1．粗利益高　　2．総人件費　　3．営業利益　　4．売上高

(59)　LSPにおいて、対象商品が2,000品目で発注率が20％の場合、【　】の発注を行う。

1．40品種　　2．40品目　　3．400品種　　4．400品目

(60)　購買心理過程が連想や欲望の顧客に対しては、【　】の接客を行う。

1．待機　　2．アプローチ

3．商品提示　　4．クロージング

④マーケティング

次の各問について、正しいものは○を、誤っているものは×をつけなさい。

(61)　一般的に、プライベートブランドは、ナショナルブランドより利益率が低い。

(62)　政府の方針に基づいて価格設定されるものがある。

(63)　インストアプロモーションは、Pull戦略の一つである。

(64)　全体市場を、消費者の行動基準やニーズなどで区分することを、集中戦略という。

(65)　小売中心性指標では、他の都市から購買力を呼び込む度合いがわかる。

(66)　家計調査は、総務省が実施している。

(67)　定量調査では、数値化できないデータを調査する。

(68)　OOHメディア広告には、交通広告や屋外広告がある。

(69)　パックインは、添付プレミアムがパッケージと別に添付されている方式である。

(70)　FSPでは、顧客を平等に扱う。

次の各問の【　】の部分にあてはまる答えについて、選択肢から選びなさい。

(71)　ブランドが無形資産としての価値を持つことは、ブランドの【　】である。

1．出所表示機能　2．資産機能
3．象徴機能　4．品質保証機能

(72)　売場スペースの一定割合の商品を少しずつ安くすると、全体的に安いという印象を顧客に与えることができるとするのは、【　】である。

1．ハフモデル　2．２：８の法則
3．ライリーの法則　4．ドロシーレーンの法則

(73)　カテゴリー（ゴンドラ）を単位とするスペースマネジメントを、【　】という。

1．フロアゾーニング　2．フロアレイアウト
3．シェルフマネジメント　4．フロアディスプレイ

(74)　商圏調査の手順では、最初に【　】を行う。

1．既存資料の収集　2．商圏の想定
3．通行量調査　4．競争関係の調査

(75)　出店立地エリアのうち、繁華街のことを【　】という。

1．ルーラル　2．サバーブ
3．イクサーブ　4．ダウンタウン

(76)　面接法や郵送法、電話法などは、市場実査の方法のうち、【　】に分類される。

1．実験法　2．観察法　3．質問法　4．尺度法

(77)　多数のデータを、特性値によっていくつかのグループに分類する分析手法を、【　】という。

1．クラスター分析　　2．デシル分析
3．多変量解析　　4．回帰分析

(78)　身の回りのあらゆるモノがインターネットやクラウドでつながることを、【　】という。

1．SNS　　2．IoT　　3．GPS　　4．AI

(79)　商品のライフサイクルのうち、サポートサービスなどの質を高めてリピーターを増やすのは、【　】である。

1．導入期　　2．成長期　　3．成熟期　　4．衰退期

(80)　【　】は、大量のデータを分析することにより、項目間の相関関係を見つける方法として利用される。

1．RFM分析　　2．デシル分析
3．ABC分析　　4．データマイニング

⑤販売・経営管理

次の各問について、正しいものは○を、誤っているものは×をつけなさい。

(81)　印紙の貼付と消印がない契約書は無効である。

(82)　特定商取引法の対象となる取引類型は、訪問販売、通信販売、電話勧誘販売、連鎖販売取引、特定継続的役務提供、業務提供誘引販売取引、の６つである。

(83)　個人事業主やNPO法人も個人情報取扱事業者に該当する可能性がある。

(84)　純売上高200,000円、売上原価が80,000円の場合、売上総利益は120,000円である。

(85)　総人件費が750万円で粗利益高が3,000万円の場合、労働分配率は25％である。

(86)　固定比率は、100％以上が理想的とされている。

(87)　柔軟な組織づくりの一つに、ネットワーク組織がある。

(88)　職務分析比較法では、すべての職務を分析する。

(89)　参加者が自ら参加･体験する双方向的な教育訓練を、ワークショップという。

(90)　事業継続計画には、事業資産の損害最小化の効果はあるが、中核事業の継続・早期復旧を可能にする効果はない。

次の各問の【　】の部分にあてはまる答えについて、選択肢から選びなさい。

(91)　店頭で買物をする際に、銀行預金の口座から即時決済されるのは、【　】カードである。

1．クレジット　　2．プリペイド
3．デビット　　4．ポストペイ

(92)　独占禁止法の目的を達成するために、【　】が設置された。

1．公安委員会　　2．公正取引委員会
3．消費者庁　　4．総務省

(93)　懸賞による景品の場合、取引価額が5,000円以上のときの景品上限額は【　】である。

1．200円　　2．取引価額の20％
3．取引価額の20倍　　4．10万円

(94)　売上構成比が30％で粗利益率が20％の場合、相乗積は【　】である。

1．6％　　2．10％　　3．50％　　4．60％

(95)　粗利益高が1,200万円で従業員数が4人の場合、労働生産性は【　】である。

1．150万円　　2．300万円
3．400万円　　4．600万円

(96)　資本利益率が低下しているとき、売上高利益率と【　】に分解すると、ある程度原因を特定しやすくなる。

1．自己資本比率　　2．総資本回転率
3．流動比率　　4．固定長期適合率

(97) 指示を受ける人物に対して、指示する人物は１人でなければならないとするのは【　】の原則である。

1．専門化　　2．統制範囲

3．権限委譲　　4．指令系統の統一化

(98) 担当業務や各人の都合を考えて、労働者自身が勤務時間を決める方法を、【　】という。

1．課制廃止　　2．フレックスタイム制

3．パートタイマー制　　4．組織開発

(99) 労働基準法の規定により、常時【　】以上の労働者を使用する事業場では、就業規則の作成と届出義務がある。

1．１人　　2．５人　　3．10人　　4．50人

(100) SL理論では、２年目～３年目程度の若手に対して、【　】リーダーシップがよいとされている。

1．説得的　　2．指示的　　3．参加的　　4．委任的

第1回　予想模擬試験　答案用紙

実施：　　年　　月　　日

①小売業の類型

(1)	(2)	(3)	(4)	(5)	(6)	(7)	(8)	(9)	(10)
(11)	(12)	(13)	(14)	(15)	(16)	(17)	(18)	(19)	(20)

②マーチャンダイジング

(21)	(22)	(23)	(24)	(25)	(26)	(27)	(28)	(29)	(30)
(31)	(32)	(33)	(34)	(35)	(36)	(37)	(38)	(39)	(40)

③ストアオペレーション

(41)	(42)	(43)	(44)	(45)	(46)	(47)	(48)	(49)	(50)
(51)	(52)	(53)	(54)	(55)	(56)	(57)	(58)	(59)	(60)

④マーケティング

(61)	(62)	(63)	(64)	(65)	(66)	(67)	(68)	(69)	(70)
(71)	(72)	(73)	(74)	(75)	(76)	(77)	(78)	(79)	(80)

⑤販売・経営管理

(81)	(82)	(83)	(84)	(85)	(86)	(87)	(88)	(89)	(90)
(91)	(92)	(93)	(94)	(95)	(96)	(97)	(98)	(99)	(100)

キリトリセン

第2回　予想模擬試験　答案用紙

実施：　年　月　日

キリトリセン

①小売業の類型

(1)	(2)	(3)	(4)	(5)	(6)	(7)	(8)	(9)	(10)
(11)	(12)	(13)	(14)	(15)	(16)	(17)	(18)	(19)	(20)

②マーチャンダイジング

(21)	(22)	(23)	(24)	(25)	(26)	(27)	(28)	(29)	(30)
(31)	(32)	(33)	(34)	(35)	(36)	(37)	(38)	(39)	(40)

③ストアオペレーション

(41)	(42)	(43)	(44)	(45)	(46)	(47)	(48)	(49)	(50)
(51)	(52)	(53)	(54)	(55)	(56)	(57)	(58)	(59)	(60)

④マーケティング

(61)	(62)	(63)	(64)	(65)	(66)	(67)	(68)	(69)	(70)
(71)	(72)	(73)	(74)	(75)	(76)	(77)	(78)	(79)	(80)

⑤販売・経営管理

(81)	(82)	(83)	(84)	(85)	(86)	(87)	(88)	(89)	(90)
(91)	(92)	(93)	(94)	(95)	(96)	(97)	(98)	(99)	(100)

索引

欧文・数字

あ

か

さ

た

な

は

ま

や

ら

わ

著者紹介

■ユーキャン販売士検定試験研究会

本会は、販売士検定試験対策本の制作にあたって、流通業界で幅広く活躍している著者が集まり、結成されました。

●監修　山口　正浩（やまぐち　まさひろ）

株式会社経営教育総合研究所代表取締役社長。中小企業診断士の法定研修（経済産業大臣登録）講師、経営学修士（MBA）など、経営に関するさまざまな肩書きを持ち、経営戦略やマーチャンダイジング、事業再生を実践する一方、各種企業・地方公共団体にて、経営幹部や営業担当者の能力開発に従事している。代表を務める株式会社経営教育総合研究所は、企業人材の専門会社として、大学・専門学校や金融機関、製造業や流通業などに対して、幹部研修や階層別研修の他に、社内試験の作成・採点・評価を実施している。
著書に『リテールマーケティング（販売士）3級テキスト＆問題集（第3版）（動画で合《う》格《か》る）』『リテールマーケティング（販売士）検定3級過去問題集（第84回～第79回）〈2020年版〉（動画で合《う》格《か》る）』（早稲田出版）、『3級販売士最短合格テキスト』『3級販売士最短合格問題集』（かんき出版）、『販売士検定3級重要過去問題 傾向の分析と合格対策』（秀和システム）、『販売士検定2級 図で見て覚える最短合格テキスト』（同文舘出版）など300冊以上の著書・監修がある。

●執筆者（すべて、経済産業大臣登録 中小企業診断士）

渡邉　義一（わたなべ　よしかず）
㈱経営教育総合研究所主任研究員、社会保険労務士、販売士一級、小売システムに精通する。

岩瀬　敦智（いわせ　あつとも）
㈱経営教育総合研究所主任研究員、法政大学大学院ＩＭ研究科特任講師。店舗支援に従事。

石倉　充（いしくら　みつる）
㈱経営教育総合研究所研究員、都市銀行勤務を経て、大学院にて教鞭をとる。

石井　保彦（いしい　やすひこ）
㈱経営教育総合研究所研究員、一級販売士、製造業向けの経営支援に従事する。

加藤　匠（かとう　たくみ）
㈱経営教育総合研究所研究員、財団法人にて産学連携の支援業務に従事する。

大友　明弘（おおとも　あきひろ）
㈱経営教育総合研究所研究員、外資系金融機関勤務。企業の財務面の支援に従事する。

谷口　克己（たにぐち　かつみ）
㈱経営教育総合研究所研究員、メーカー系サービス会社にて販促支援に従事する。

松崎　研一（まつざき　けんいち）
㈱経営教育総合研究所研究員、ドラッグストアの店舗販売・管理業務に従事する。

柳沢　隆（やなぎさわ　たかし）
㈱経営教育総合研究所研究員、社会保険労務士、アパレル企業の経営支援に従事する。

山本　光康（やまもと　みつやす）
㈱経営教育総合研究所研究員、デジタルメディアサービスの新規企画や運用に精通する。

●**法改正・正誤等の情報につきましては、下記「ユーキャンの本」ウェブサイト内「追補（法改正・正誤）」をご覧ください。**
https://www.u-can.co.jp/book/information
●**本書の内容についてお気づきの点は**
・「ユーキャンの本」ウェブサイト内「よくあるご質問」をご参照ください。
https://www.u-can.co.jp/book/faq
・郵送・FAXでのお問い合わせをご希望の方は、書名・発行年月日・お客様のお名前・ご住所・FAX番号をお書き添えの上、下記までご連絡ください。
【郵送】〒169-8682 東京都新宿北郵便局 郵便私書箱第2005号
ユーキャン学び出版 販売士検定資格書籍編集部
【FAX】03-3378-2232
◎より詳しい解説や解答方法についてのお問い合わせ、他社の書籍の記載内容等に関しては回答いたしかねます。
●**お電話でのお問い合わせ・質問指導は行っておりません。**

ユーキャンの販売士（リテールマーケティング）検定2級 速習テキスト＆問題集　第4版

2011年5月31日　初　版　第1刷発行
2015年1月30日　第2版　第1刷発行
2017年10月27日　第3版　第1刷発行
2021年12月3日　第4版　第1刷発行

編　者　ユーキャン販売士検定試験研究会
発行者　品川泰一
発行所　株式会社 ユーキャン 学び出版
〒151-0053
東京都渋谷区代々木1-11-1
Tel 03-3378-2226

編　集　株式会社 エディット

発売元　株式会社 自由国民社
〒171-0033
東京都豊島区高田3-10-11
Tel 03-6233-0781（営業部）

印刷・製本　カワセ印刷株式会社

※落丁・乱丁その他不良の品がありましたらお取り替えいたします。お買い求めの書店か自由国民社営業部（Tel 03-6233-0781）へお申し出ください。

 ISBN978-4-426-61310-5

予想模擬試験

解答・解説編

第１回　予想模擬試験　解答・解説

①小売業の類型

（1）	（2）	（3）	（4）	（5）	（6）	（7）	（8）	（9）	（10）
×	○	×	×	○	×	○	×	○	○
（11）	（12）	（13）	（14）	（15）	（16）	（17）	（18）	（19）	（20）
4	3	2	1	2	3	4	2	1	1

②マーチャンダイジング

（21）	（22）	（23）	（24）	（25）	（26）	（27）	（28）	（29）	（30）
○	×	○	○	×	×	○	×	×	○
（31）	（32）	（33）	（34）	（35）	（36）	（37）	（38）	（39）	（40）
1	4	1	2	3	3	4	2	1	3

③ストアオペレーション

（41）	（42）	（43）	（44）	（45）	（46）	（47）	（48）	（49）	（50）
×	×	○	×	○	○	○	×	○	×
（51）	（52）	（53）	（54）	（55）	（56）	（57）	（58）	（59）	（60）
4	2	2	1	2	3	4	2	4	1

④マーケティング

（61）	（62）	（63）	（64）	（65）	（66）	（67）	（68）	（69）	（70）
×	×	×	○	×	○	○	○	○	×
（71）	（72）	（73）	（74）	（75）	（76）	（77）	（78）	（79）	（80）
2	1	3	4	2	3	2	4	1	3

⑤販売・経営管理

（81）	（82）	（83）	（84）	（85）	（86）	（87）	（88）	（89）	（90）
×	×	○	○	○	×	○	×	○	○
（91）	（92）	（93）	（94）	（95）	（96）	（97）	（98）	（99）	（100）
4	2	2	2	3	1	3	4	1	2

①小売業の類型

解答	(1)	(2)	(3)	(4)	(5)	(6)	(7)	(8)	(9)	(10)
	×	○	×	×	○	×	○	×	○	○

解 説

（1）　生産と消費をつなぐ社会的役割と、流通費用を節約する経済的役割があります。⇒1章　LESSON 1

（2）　荷姿やコンテナ、パレットなどを標準化することで、輸送や荷役の合理化・効率化を図ります。⇒1章　LESSON 2

（3）　生物学の発想で小売業態の変化を説明しているのは、適応行動理論です。⇒1章　LESSON 3

（4）　ホールセールクラブは、事業者と一般消費者向けの、会員制現金販売専門店です。⇒1章　LESSON 4

（5）　標準化政策では、店舗の立地や規模、形状、品ぞろえ、運営方法などを標準化します。⇒1章　LESSON 5

（6）　ボランタリーチェーンでは、資本的に独立した複数の小売業が、独立形態を保持した状態で集まります。⇒1章　LESSON 6

（7）　リミテッド＆デプス型は、品種を制限して（リミテッド）、SKUを深掘りする（デプス）品ぞろえです。⇒1章　LESSON 7

（8）　倉庫型ネットスーパーは、ネットスーパー専用の商品や作業場、人員などを用意します。⇒1章　LESSON 8

（9）　登録販売者は医薬品医療機器等法に規定されています。⇒1章　LESSON 9

（10）　入会金は事務代行料の性格で、脱退時に返却されません。⇒1章　LESSON 10

解答	(11)	(12)	(13)	(14)	(15)	(16)	(17)	(18)	(19)	(20)
	4	3	2	1	2	3	4	2	1	1

解説

(11)　流通を集中的に行うと、製品1個当たりの流通コストが安くなるのは【規模の経済】の原理です。⇒1章　LESSON 1

(12)　情報流のうち商流（所有権移転）に関する情報は、【取引情報】です。⇒1章　LESSON 2

(13)　小売の輪の理論は、新しい革新的業態が生まれるサイクルを、【価格】面から説明した理論仮説です。⇒1章　LESSON 3

(14)　メーカーから店舗に直接輸送するのは【直送】です。⇒1章　LESSON 4

(15)　「単一資本で【11】店舗以上を直接運営する小売業あるいはフードサービス業」と定義しています。⇒1章　LESSON 5

(16)　単一の法人組織のもとで、同一形態の直営店を、標準化されたルールで多店舗展開する組織形態は、【レギュラーチェーン】です。⇒1章　LESSON 6

(17)　百貨店が、自ら商品を買い取りリスクを負って販売するのは、【自主マーチャンダイジング】です。⇒1章　LESSON 7

(18)　ホームセンターは、大型店舗に【DIY】商品を中心とした生活関連用品を幅広く品ぞろえした小売業です。⇒1章　LESSON 8

(19)　スーパーセンターは、【EDLP】といわれる価格政策が特徴です。⇒1章　LESSON 9

(20)　組合員の代表による、生協の意思決定の最高機関は、【総(代)会】です。⇒1章　LESSON 10

②マーチャンダイジング

解答	(21)	(22)	(23)	(24)	(25)	(26)	(27)	(28)	(29)	(30)
	○	×	○	○	×	×	○	×	×	○

解説

(21)　仕入や、販売促進で消費者に伝える商品情報の収集には、メーカーの協力が必要です。⇒2章　LESSON 1

(22)　商品計画の立案手順は、過去の分析と評価から始まります。
⇒2章　LESSON 2

(23)　自社にとって損する差異が不利差異です。⇒2章　LESSON 3

(24)　損益分岐点が小さい方がよいと評価されます。⇒2章　LESSON 4

(25)　行政の統計資料などは2次情報です。⇒2章　LESSON 5

(26)　定番品は、技術革新の激しい商品よりプロダクトライフサイクルが長いです。
⇒2章　LESSON 7

(27)　スケマティック・プラノグラムは、単品ごとのブランド力や用途、価格、色などを組み合わせて、棚スペースの収益性を最大化させます。⇒2章　LESSON 9

(28)　平均在庫高を減少させることや、売上高を増加させることが、商品回転率を高める方法になります。⇒2章　LESSON 11

(29)　ABC分析では、最初にカテゴリー別の商品を売上金額の多い順に並び替えます。⇒2章　LESSON 13

(30)　サプライチェーンは生産者が起点で、ディマンドチェーンは消費者が起点です。⇒2章　LESSON 15

解答	(31)	(32)	(33)	(34)	(35)	(36)	(37)	(38)	(39)	(40)
	1	4	1	2	3	3	4	2	1	3

解説

(31)　マーチャンダイジング・サイクルは、【商品計画】から始まります。
⇒2章　LESSON 1

(32)　顧客ニーズに合った商品を選び、選んだ複数の商品をあるテーマに合わせて分類し、組み合わせて編集することを【アソートメント】といいます。
⇒2章　LESSON 2

(33)　価格差異は（実際価格－予算価格）×【実際販売数量】で求めます。
⇒2章　LESSON 3

(34)　目標利益を実現する必要売上高は（目標利益＋固定費）÷【限界利益率】で求めます。⇒2章　LESSON 4

(35)　ブランドロイヤルティやストアロイヤルティが購買に強い影響を与えるのは、【専門品】です。⇒2章　LESSON 6

(36)　【リベート】とは、一定期間の仕入高が多い小売業などに対して、仕入先企業が、事後的に割戻金などキャッシュバックをすることです。⇒2章　LESSON 8

(37)　過剰在庫により、【粗利益】が減少します。⇒2章　LESSON 10

(38)　死に筋商品の発生による商品ロスは、【商品廃棄ロス】に分類されます。
⇒2章　LESSON 12

(39)　原則として、在庫を保有しない通過型物流センターは、【TC】である。
⇒2章　LESSON 14

(40)　商品発送側から送り先に発信する事前出荷明細は【ASN】です。
⇒2章　LESSON 16

③ストアオペレーション

解答	(41)	(42)	(43)	(44)	(45)	(46)	(47)	(48)	(49)	(50)
	×	×	○	×	○	○	○	×	○	×

解説

(41)　客単価は買上点数×一点単価で求めます。⇒3章　LESSON 1

(42)　陳列数量が一定以下になると販売数量が急速に減少することがありますが、その一定数量が最低陳列数量です。⇒3章　LESSON 2

(43)　大量に陳列することで、補充回数を減らします。⇒3章　LESSON 3

(44)　コーディネート陳列は、関連のある商品を組み合わせて提示します。⇒3章　LESSON 3

(45)　フロアゾーニングやフロアレイアウトは、顧客導線に影響します。⇒3章　LESSON 4

(46)　展示型陳列は、集視ポイントになります。⇒3章　LESSON 4

(47)　照明はハード面、POP広告はソフト面の展開要素です。⇒3章　LESSON 5

(48)　Off-JTは、就業時間中に職場とは違う場所で実施されます。⇒3章　LESSON 6

(49)　LSPでは売上高予算から作業量（人時）を導き出します。⇒3章　LESSON 7

(50)　セリングポイントを打ち出すのは商品説明です。⇒3章　LESSON 8

解答	(51)	(52)	(53)	(54)	(55)	(56)	(57)	(58)	(59)	(60)
	4	2	2	1	2	3	4	2	4	1

解 説

(51)　【労働分配率】が大きいと人件費負担が重いことになります。
⇒3章　LESSON 1

(52)　EOSでは、店舗にある【ストアコントローラ】を通じて仕入先へ発注を行います。　⇒3章　LESSON 2

(53)　正確な実在庫を把握する業務が、【棚卸】です。⇒3章　LESSON 3

(54)　前進立体陳列は、【セルフサービス販売】を主体とした売場に適した方法です。
⇒3章　LESSON 4

(55)　補充型陳列は、一般的に、【定番商品】を効率的に補充し、継続的に販売するディスプレイです。⇒3章　LESSON 4

(56)　物語の1コマのような劇的に表現する展示型陳列は、【ドラマチック陳列】です。⇒3章　LESSON 4

(57)　顧客が商品に気づいてから購入を決めるまでの心理過程に、【AIDMA】の原則があります。⇒3章　LESSON 5

(58)　作業割当表は、【週間】ベースで作成します。⇒3章　LESSON 6

(59)　40秒×200品目＋500秒＝【8,500秒】です。⇒3章　LESSON 7

(60)　購買心理過程は、【満足】で終わります。⇒3章　LESSON 8

④マーケティング

解答	(61)	(62)	(63)	(64)	(65)	(66)	(67)	(68)	(69)	(70)
	×	×	×	○	×	○	○	○	○	×

解説

(61)　小域でターゲットを絞り込まない無差別的セグメントは、最寄品や消耗品を取り扱う小売業に向いています。⇒4章　LESSON 1

(62)　コストプラス法は、原価に基づく価格設定の方式である。⇒4章　LESSON 2

(63)　リージョナルプロモーションの3P戦略は、Pull戦略、Push戦略、Put戦略です。⇒4章　LESSON 3

(64)　商圏を設定することで、効果的なマーケティング活動を行うことができます。⇒4章　LESSON 4

(65)　距離的な近さによる物流コストの低減は、ドミナント型出店のメリットです。⇒4章　LESSON 5

(66)　パネル調査では、回答変化を調査します。⇒4章　LESSON 6

(67)　サンプルを抽出する方法の一つに、多段抽出法があります。⇒4章　LESSON 6

(68)　広告目的には、新商品の説明やブランドの信用度向上、販売場所の認知などがあります。⇒4章　LESSON 7

(69)　センサーデータやログデータもビッグデータに含まれます。⇒4章　LESSON 7

(70)　FSPでは、優良顧客の来店頻度向上をねらいます。⇒4章　LESSON 8

解答	(71)	(72)	(73)	(74)	(75)	(76)	(77)	(78)	(79)	(80)
	2	1	3	4	2	3	2	4	1	3

解説

(71)　言葉として表現されたブランドの部分で発音可能なものは、【ブランドネーム】です。⇒**4章　LESSON 1**

(72)　複数企業が結託して価格を上げたり下げたりする行為を、【カルテル行為】といいます。⇒**4章　LESSON 2**

(73)　買った人全員に渡すプレミアムは、【添付プレミアム】です。
⇒**4章　LESSON 3**

(74)　個人の生活パターンは、商圏を把握する【心理的要因】の一つです。
⇒**4章　LESSON 4**

(75)　大規模小売店舗立地法は、【地域住民の住環境】と大型店との調和を図るための法律です。⇒**4章　LESSON 5**

(76)　【家計調査】では、世帯の支出の仕方がわかります。⇒**4章　LESSON 6**

(77)　多数の項目の変化を分析・要約して目的のもとに統合する分析手法は、【多変量解析】です。⇒**4章　LESSON 6**

(78)　【サンプル提供】は、インストアプロモーションの非人的販売活動に分類されます。⇒**4章　LESSON 7**

(79)　商品の認知度を高め、どんな満足が得られるかを消費者にPRするのは、【導入期】です。⇒**4章　LESSON 7**

(80)　来店頻度の高い順に10通りに分割して分析する手法は、【デシル分析】です。
⇒**4章　LESSON 8**

⑤販売・経営管理

解答	(81)	(82)	(83)	(84)	(85)	(86)	(87)	(88)	(89)	(90)
	×	×	○	○	○	×	○	×	○	○

解説

(81)　当事者同士の合意があれば契約は成立します。⇒5章　LESSON 1

(82)　売買契約は売主の引渡義務と買主の支払義務が生じる双務契約です。⇒5章　LESSON 2

(83)　権利を侵害された者からの侵害行為差止め請求もできます。⇒5章　LESSON 3

(84)　売上構成比を変動させたときのシミュレーションなどができます。⇒5章　LESSON 4

(85)　分子と分母の共通を相殺消去すると、人時生産性になります。⇒5章　LESSON 6

(86)　1年以内に支払わなければならない負債は、流動負債です。⇒5章　LESSON 7

(87)　統制範囲の原則では、1人の管理監督者が統制できる人数には上限があるとしています。⇒5章　LESSON 9

(88)　職務明細書は、職務分析で使用されるもので、人事考課の資料ではありません。⇒5章　LESSON 10

(89)　コーチングでは、指導者が受講者に質問を繰り返します。⇒5章　LESSON 11

(90)　整理整頓や清掃などのクリンリネスの励行は、店舗改善による万引対策の一つです。⇒5章　LESSON 12

解答	(91)	(92)	(93)	(94)	(95)	(96)	(97)	(98)	(99)	(100)
	4	2	2	2	3	1	3	4	1	2

解 説

(91)　小切手に記載すると小切手が無効になる事項は、【有害的記載事項】です。
⇒5章　LESSON 1

(92)　事業者が重要事項について事実と異なることを告げるのは、【不実告知】です。
⇒5章　LESSON 2

(93)　商標権の有効期間は満【10年間】で、更新可能です。**⇒5章　LESSON 3**

(94)　期首商品棚卸高（10,000円）＋純仕入高（50,000円）－期末商品棚卸高（20,000円）＝売上原価【40,000円】です。**⇒5章　LESSON 5**

(95)　労働生産性（2,000万円）×労働分配率（20％）＝1人当たりの平均人件費【400万円】です。**⇒5章　LESSON 6**

(96)　売上高（200,000円）÷{受取手形（20,000円）＋売掛金（20,000円）}＝【5回】です。**⇒5章　LESSON 8**

(97)　三面等価の原則では、【責任・権限・義務】が等しい価値を持ちます。
⇒5章　LESSON 9

(98)　労働時間は、【労働条件管理】に分類されます。**⇒5章　LESSON 10**

(99)　組織上の階層ごとに全部門から横断的に集める教育法は、【階層別】教育です。
⇒5章　LESSON 11

(100)　緊急事態に備えた平時の活動や緊急事態発生時の対応などを計画・文書化したものは、【BCP】です。**⇒5章　LESSON 12**

第2回　予想模擬試験　解答・解説

①小売業の類型

(1)	(2)	(3)	(4)	(5)	(6)	(7)	(8)	(9)	(10)
○	×	×	×	○	○	×	○	○	○
(11)	(12)	(13)	(14)	(15)	(16)	(17)	(18)	(19)	(20)
1	2	4	1	3	2	4	2	1	3

②マーチャンダイジング

(21)	(22)	(23)	(24)	(25)	(26)	(27)	(28)	(29)	(30)
○	×	×	×	○	○	○	×	○	×
(31)	(32)	(33)	(34)	(35)	(36)	(37)	(38)	(39)	(40)
2	3	1	3	3	2	2	4	4	1

③ストアオペレーション

(41)	(42)	(43)	(44)	(45)	(46)	(47)	(48)	(49)	(50)
○	○	×	○	○	○	×	×	×	×
(51)	(52)	(53)	(54)	(55)	(56)	(57)	(58)	(59)	(60)
3	1	3	2	4	4	1	1	4	3

④マーケティング

(61)	(62)	(63)	(64)	(65)	(66)	(67)	(68)	(69)	(70)
×	○	×	×	○	○	×	○	×	×
(71)	(72)	(73)	(74)	(75)	(76)	(77)	(78)	(79)	(80)
2	4	3	1	4	3	1	2	3	4

⑤販売・経営管理

(81)	(82)	(83)	(84)	(85)	(86)	(87)	(88)	(89)	(90)
×	×	○	○	○	×	○	×	○	×
(91)	(92)	(93)	(94)	(95)	(96)	(97)	(98)	(99)	(100)
3	2	4	1	2	2	4	2	3	1

①小売業の類型

解答	(1)	(2)	(3)	(4)	(5)	(6)	(7)	(8)	(9)	(10)
	○	×	×	×	○	○	×	○	○	○

解説

(1) 商流には、「所有権移転機能」や「危険負担機能」があります。
⇒1章 LESSON 1

(2) 個装された商品をダンボールなどに入れて物流活動をしやすくする包装は、外装です。⇒1章 LESSON 2

(3) アコーディオン理論では、品ぞろえ面に焦点を当てて、小売業の業態変化や発展過程を説明します。⇒1章 LESSON 3

(4) 海外進出先の消費者ニーズに合わせて、店舗の品ぞろえや商品の品質、価格などを変動させることは、ローカライズといいます。⇒1章 LESSON 4

(5) セントラルバイング・システムは、本部集中仕入方式ともいいます。
⇒1章 LESSON 5

(6) フランチャイザー(本部)は加盟店の資本を活用して、多店舗展開を図ります。
⇒1章 LESSON 6

(7) 百貨店は、対面販売方式主体です。⇒1章 LESSON 7

(8) コモディティ商品は、消耗雑貨や飲料水などの日用品です。
⇒1章 LESSON 8

(9) ロイヤルティは、本部から加盟店に提供されるノウハウや店舗運営の対価です。⇒1章 LESSON 9

(10) 生協は、消費生活協同組合法に基づき、消費者(組合員)が共同で商品の購入などを行います。⇒1章 LESSON 10

解答	(11)	(12)	(13)	(14)	(15)	(16)	(17)	(18)	(19)	(20)
	1	2	4	1	3	2	4	2	1	3

解説

(11)　流通業が集中的に在庫を保有すると、流通全体の在庫量が減ることを、【不確実性プール】の原理（集中貯蔵の原理）といいます。⇒1章　LESSON 1

(12)　材料購買や商品仕入にかかわる物流を、【調達物流】といいます。
⇒1章　LESSON 2

(13)　専門店とは、特定の商品が【90】%以上を占める小売業です。
⇒1章　LESSON 3

(14)　市場に強い影響力を持つ巨大小売業のうち、積極的な海外進出を推進している企業は、【グローバルリテーラー】です。⇒1章　LESSON 4

(15)　大量仕入などの理由で、小売業が仕入先との仕入交渉で発揮する交渉力を、【バイングパワー】といいます。⇒1章　LESSON 5

(16)　ボランタリーチェーン本部の指導と加盟店の協調性を重視するのは、【共同】の原則です。⇒1章　LESSON 6

(17)　小売業が卸売業や製造業の機能まで担って、自社ブランドを確立する業態は【SPA】です。⇒1章　LESSON 7

(18)　メーカーで製造され、冷蔵が必要で日持ちのしない食品は、【日配品】です。
⇒1章　LESSON 8

(19)　フランチャイズシステムにおける本部の巡回指導員は、【スーパーバイザー】です。⇒1章　LESSON 9

(20)　生協が行う食料品や日用品の共同購入は、【物資の購買】事業です。
⇒1章　LESSON 10

②マーチャンダイジング

解答	(21)	(22)	(23)	(24)	(25)	(26)	(27)	(28)	(29)	(30)
	○	×	×	×	○	○	○	×	○	×

解説

(21)　チェーンストアの場合、棚割表は本部で作成します。⇒2章　LESSON 1

(22)　顧客側の商品の比較しやすさや選びやすさに配慮して商品構成の階層を決定するのは、生活（シーン）体系です。⇒2章　LESSON 2

(23)　業界動向は外部情報、販売実績は内部情報です。⇒2章　LESSON 3

(24)　変動費率は、変動費を売上高で割って求めます。⇒2章　LESSON 4

(25)　最寄品は、比較的労力をかけずに慣習的に購入する商品です。
⇒2章　LESSON 6

(26)　プライスゾーンの設定は、来店客層の絞込みに影響します。
⇒2章　LESSON 8

(27)　商品回転率を同一に保つと、売れる商品の最大在庫量を増やし、売れない商品の最大在庫量を減らすことができます。⇒2章　LESSON 10

(28)　商品ロスは、帳簿在庫より実地在庫が少ない場合の差分です。
⇒2章　LESSON 12

(29)　3PLにより、共同出資した配送センターの運営や共同配送が行われます。
⇒2章　LESSON 14

(30)　CPFRは、サプライヤーと小売業が共同して小売業の実需＋将来ベースの需要予測を行い、在庫不足分をサプライヤーが自動補充する仕組みです。
⇒2章　LESSON 16

解答	(31)	(32)	(33)	(34)	(35)	(36)	(37)	(38)	(39)	(40)
	2	3	1	3	3	2	2	4	4	1

解説

(31)　チェーン組織において、各店舗への商品の送り込みについて時期や数量を調整する専門スタッフは、【ディストリビュータ】です。⇒2章　LESSON 1

(32)　商品構成の階層におけるアイテムとは、【品目】のことです。
⇒2章　LESSON 2

(33)　予算管理が賞罰の基準となり、長期的視点からの行動を排除する状況を【組織の硬直化】といいます。⇒2章　LESSON 3

(34)　損益がゼロになる売上高を、【損益分岐点】といいます。⇒2章　LESSON 4

(35)　商品の所有も保管も販売も仕入先が行う仕入形態は、【消化】仕入です。
⇒2章　LESSON 5

(36)　プロダクトライフサイクルのうち、新規参入が増加するのは【成長期】です。
⇒2章　LESSON 7

(37)　メーカーにとって、棚割の出来が【インストアシェア】の拡大につながります。
⇒2章　LESSON 9

(38)　単品管理では、商品を【SKU】単位で分類して、販売数量の計画と実績を把握します。⇒2章　LESSON 11

(39)　【集合包装用バーコードのコード部分】には、GTIN-14が印字されます。
⇒2章　LESSON 13

(40)　需要情報や競争情報は、【市場情報】に含まれます。⇒2章　LESSON 15

③ストアオペレーション

解答	(41)	(42)	(43)	(44)	(45)	(46)	(47)	(48)	(49)	(50)
	○	○	×	○	○	○	×	×	×	×

解 説

(41) 同時に使う商品の同時購買を促進するのがクロスマーチャンダイジングです。
⇒3章 LESSON 1

(42) 最低陳列数量を下回った状態を欠品と考えます。**⇒3章 LESSON 2**

(43) パイルアップ陳列は、商品を組み合わせながら垂直に高く積み上げる陳列方法です。**⇒3章 LESSON 3**

(44) ハンガー陳列は、対面販売でも多く利用されています。**⇒3章 LESSON 3**

(45) 前進立体陳列は、顧客にとって見やすい陳列です。**⇒3章 LESSON 4**

(46) マグネットコーナーは顧客吸引力の強い商品群を配置した売場です。
⇒3章 LESSON 4

(47) ビジュアルマーチャンダイジングでは、視覚面から消費者に訴求します。
⇒3章 LESSON 5

(48) 作業割当表の作成では、売上に直結する重点作業を優先します。
⇒3章 LESSON 6

(49) LSPの基本原則は、作業と作業量を明確にし、作業ごとに必要な従業員と適正な作業員数（人時）を振り分けることです。**⇒3章 LESSON 7**

(50) 手厚い接客で固定客化しやすいというのは対面販売の長所です。
⇒3章 LESSON 8

解答	(51)	(52)	(53)	(54)	(55)	(56)	(57)	(58)	(59)	(60)
	3	1	3	2	4	4	1	1	4	3

解説

(51)　店舗の光熱費の低減は、【販売費及び一般管理費を減らす】施策の一つです。⇒3章　LESSON 1

(52)　EOSは、【電子受発注】システムです。⇒3章　LESSON 2

(53)　前出しは、【棚割表】に基づいて行われます。⇒3章　LESSON 3

(54)　カラーストライプ陳列では、商品の持つ色によって、陳列面に【しま模様】をつくります。⇒3章　LESSON 3

(55)　回転が速く在庫が少ないのは【ハイターン・ローストック】です。⇒3章　LESSON 4

(56)　商品とモチーフ（主題）で象徴的に表現する展示型陳列は、【シンボライズ陳列】です。⇒3章　LESSON 4

(57)　売場外の顧客を売場に引き込むビジュアルマーチャンダイジングは、【SP】です。⇒3章　LESSON 5

(58)　人時生産性は、【粗利益高】を総労働時間で割って求めます。⇒3章　LESSON 6

(59)　2,000品目×20％＝【400品目】の発注を行います。⇒3章　LESSON 7

(60)　購買心理過程が連想や欲望の顧客に対しては、【商品提示】の接客を行います。⇒3章　LESSON 8

④マーケティング

解答	(61)	(62)	(63)	(64)	(65)	(66)	(67)	(68)	(69)	(70)
	×	○	×	×	○	○	×	○	×	×

解説

(61)　プライベートブランドは、ナショナルブランドより高い利益率を確保できます。⇒4章　LESSON 1

(62)　タクシー料金や石油価格など、公共性の強い商品やサービスが対象です。⇒4章　LESSON 2

(63)　インストアプロモーションは、Push戦略に含まれます。⇒4章　LESSON 3

(64)　全体市場を、消費者の行動基準やニーズなどで区分するのは、市場細分化です。⇒4章　LESSON 4

(65)　都市の人口１人当たりの小売販売額が、その地域を含む都道府県の１人当たりの小売販売額よりも多い場合、その都市に購買力が流入しています。⇒4章　LESSON 5

(66)　家計調査は、総務省が毎月実施しています。⇒4章　LESSON 6

(67)　定量調査では、数値化できるデータを調査します。⇒4章　LESSON 6

(68)　OOHメディアは、自宅外メディアのことです。⇒4章　LESSON 7

(69)　添付プレミアムがパッケージと別に添付されている方式は、パックオンです。⇒4章　LESSON 7

(70)　FSPでは、優良顧客を優遇します。⇒4章　LESSON 8

解答	(71)	(72)	(73)	(74)	(75)	(76)	(77)	(78)	(79)	(80)
	2	4	3	1	4	3	1	2	3	4

解 説

(71)　ブランドが無形資産としての価値を持つことは、ブランドの【資産機能】です。
⇒4章　LESSON 1

(72)　売場スペースの一定割合の商品を少しずつ安くすると、全体的に安いという印象を顧客に与えることができるとするのは、【ドロシーレーンの法則】です。
⇒4章　LESSON 2

(73)　カテゴリー（ゴンドラ）を単位とするスペースマネジメントは、【シェルフマネジメント】です。**⇒4章　LESSON 3**

(74)　商圏調査の手順では、最初に【既存資料の収集】を行います。
⇒4章　LESSON 4

(75)　繁華街のことを【ダウンタウン】といいます。**⇒4章　LESSON 5**

(76)　面接法や郵送法、電話法などは、【質問法】に分類されます。
⇒4章　LESSON 6

(77)　多数のデータを、特性値によっていくつかのグループに分類する分析手法は、【クラスター分析】です。**⇒4章　LESSON 6**

(78)　身の回りのあらゆるモノがインターネットやクラウドでつながることは、【IoT】です。**⇒4章　LESSON 7**

(79)　サポートサービスなどの質を高めてリピーターを増やすのは、【成熟期】です。
⇒4章　LESSON 7

(80)　【データマイニング】は、大量のデータを分析することにより、項目間の相関関係を見つける方法です。**⇒4章　LESSON 8**

⑤販売・経営管理

解答	(81)	(82)	(83)	(84)	(85)	(86)	(87)	(88)	(89)	(90)
	×	×	○	○	○	×	○	×	○	×

解説

(81)　印紙税の不納付は契約そのものの効力とは関係ありません。
⇒5章　LESSON 1

(82)　特定商取引法の対象となる取引類型は、訪問販売、通信販売、電話勧誘販売、連鎖販売取引、特定継続的役務提供、業務提供誘引販売取引、訪問購入の7つです。
⇒5章　LESSON 2

(83)　個人情報データベースなどをその事業活動に利用している個人事業主やNPO法人は、個人情報取扱事業者に該当します。**⇒5章　LESSON 3**

(84)　純売上高（200,000円）－売上原価（80,000円）＝売上総利益（120,000円）です。
⇒5章　LESSON 5

(85)　総人件費（750万円）÷粗利益高（3,000万円）＝労働分配率（25%）です。
⇒5章　LESSON 6

(86)　固定比率は、一般的に、100%未満が理想的とされています。
⇒5章　LESSON 8

(87)　IT機器の活用などにより、企業内外のほかの組織単位との連係がしやすくなります。**⇒5章　LESSON 9**

(88)　すべての職務を分析するのは、職務個別調査法です。**⇒5章　LESSON 10**

(89)　ワークショップでは、グループの相互作用の中で学びあったり創り出したりします。**⇒5章　LESSON 11**

(90)　事業継続計画には、事業資産の損害最小化や、中核事業の継続・早期復旧を可能にする効果があります。**⇒5章　LESSON 12**

解答	(91)	(92)	(93)	(94)	(95)	(96)	(97)	(98)	(99)	(100)
	3	2	4	1	2	2	4	2	3	1

解 説

(91)　店頭で買物をする際に、銀行預金の口座から即時決済されるのは、【デビット】カードです。⇒5章　LESSON 1

(92)　独占禁止法の目的を達成するために、【公正取引委員会】が設置されました。⇒5章　LESSON 2

(93)　懸賞による景品の場合、取引価額が5,000円以上のときの景品上限額は【10万円】です。⇒5章　LESSON 3

(94)　売上構成比（30%）×粗利益率（20%）＝相乗積【6%】です。⇒5章　LESSON 4

(95)　粗利益高（1,200万円）÷従業員数（4人）＝労働生産性【300万円】です。⇒5章　LESSON 6

(96)　資本利益率が低下しているとき、売上高利益率と【総資本回転率】に分解すると、ある程度原因を特定しやすくなります。⇒5章　LESSON 7

(97)　指示を受ける人物に対して、指示する人物は1人でなければならないとするのは【指令系統の統一化】の原則です。⇒5章　LESSON 9

(98)　担当業務や各人の都合を考えて、労働者自身が勤務時間を決める方法は、【フレックスタイム制】です。⇒5章　LESSON 9

(99)　常時【10人】以上の労働者を使用する事業場では、就業規則の作成と届出義務があります。⇒5章　LESSON 10

(100)　SL理論では、2年目～3年目程度の若手に対して、【説得的】リーダーシップがよいとされています。⇒5章　LESSON 11